rowohlts monographien
begründet von Kurt Kusenberg
herausgegeben
von Wolfgang Müller

Bertrand Russell

**mit Selbstzeugnissen
und Bilddokumenten
dargestellt von
Ernst R. Sandvoss**

Rowohlt

Martin Schwind gewidmet

Dieser Band wurde eigens für «rowohlts monographien» geschrieben
Den Anhang besorgte der Autor
Herausgeber: Kurt Kusenberg · Redaktion: Beate Möhring
Umschlagentwurf: Werner Rebhuhn
Vorderseite: Bertrand Russell
(Österreichische Nationalbibliothek, Wien)
Rückseite: «Der Lehrstuhl für Unanständigkeit». Karikatur von Rollin Kirby.
Aus «New York Post», April 1940

Veröffentlicht im Rowohlt Taschenbuch Verlag GmbH,
Reinbek bei Hamburg, Februar 1980
Copyright © 1980 by Rowohlt Taschenbuch Verlag GmbH,
Reinbek bei Hamburg
Alle Rechte an dieser Ausgabe vorbehalten
Satz Times (Linotron 404)
Gesamtherstellung Clausen & Bosse, Leck
Printed in Germany
1080-ISBN 3 499 50282 8

16.–18. Tausend Juli 1991

Inhalt

Einleitung

Wofür ich gelebt habe

*Drei einfache, doch übermächtige Leidenschaften haben mein Leben be-
stimmt: das Verlangen nach Liebe, der Drang nach Erkenntnis und ein
unerträgliches Mitgefühl für die Leiden der Menschheit. Gleich heftigen
Sturmwinden haben mich diese Leidenschaften bald hier-, bald dorthin
geweht in einem launenhaften Zickzackkurs über ein Weltmeer von Qual
hinweg bis zum letzten Rand der Verzweiflung. Nach Liebe trachtete ich,
einmal, weil sie Verzückung erzeugt, eine Verzückung so gewaltig, daß
ich oft mein ganzes, mir noch bevorstehendes Leben hingegeben haben
würde für ein paar Stunden dieses Überschwangs. Zum anderen habe ich
nach Liebe getrachtet, weil sie von der Einsamkeit erlöst, jener entsetzli-
chen Einsamkeit, in der ein einzelnes erschauerndes Bewußtsein über den
Saum der Welt hinabblickt in den kalten, leblosen, unauslotbaren Abgrund. Und letztens habe ich nach Liebe getrachtet, weil ich in der lieben-
den Vereinigung, in mystisch verkleinertem Abbild, die Vorahnung des
Himmels erschaute, wie er in der Vorstellung der Heiligen und Dichter
lebt. Danach habe ich gesucht und, wiewohl es zu schön erscheinen mag
für ein Menschenleben: ich habe es – am Ende – gefunden. Mit gleicher
Leidenschaft habe ich nach Erkenntnis gestrebt. Ich wollte das Herz der
Menschen ergründen. Ich wollte begreifen, warum die Sterne scheinen.
Ich habe die Kraft zu erfassen gesucht, durch die nach den Pythagoreern
die Zahl den Strom des Seins beherrscht. Ein wenig davon, wenn auch
nicht viel, ist mir gelungen.
Liebe und Erkenntnis, soweit sie erreichbar waren, führten empor in
himmlische Höhen. Doch stets brachte mich das Mitleid wieder zur Erde
zurück. Widerhall von Schmerzensgeschrei erfüllt mein Herz. Verhun-
gernde Kinder, gefolterte Opfer von Unterdrückern, hilflose alte Menschen, ihren Kindern zur verhaßten Bürde geworden – die ganze Welt der
Verlassenheit, der Armut, des Leids, all das macht ein hohnvolles Zerr-
bild aus dem, was Menschenleben eigentlich sein soll. Es verlangt mich
danach, dem Übel zu steuern, allein ich vermag es nicht, und so leide auch
ich.*

7

So war mein Leben. Ich habe es lebenswert gefunden, und ich würde es mit Freuden noch einmal leben, wenn sich mir die Möglichkeit dazu böte.[1]*

Jede Biographie, die dem Leben und dem Werk Russells einigermaßen gerecht zu werden sucht, wird also die drei Grundkomponenten seiner Existenz, das Verlangen nach Liebe, den Drang nach Erkenntnis und das Mitgefühl mit den Leiden der Menschheit zu berücksichtigen haben. Jede Verabsolutierung einer dieser Komponenten führt zu einer einseitigen Darstellung. Einseitig ist das Bild des Logikers, Mathematikers und Analytikers. Ebenso einseitig ist das Bild des politischen Revolutionärs und Pazifisten. Nicht minder einseitig wäre es, Russells menschliche Beziehungen zu Affären eines skandalumwitterten Popularphilosophen aufzubauschen. Im Gegensatz zu Kant oder Nietzsche spielt die Liebe, das Geschlechtliche, eine bedeutende Rolle in seinem Leben. Er war nicht nur als Skeptiker Sokratiker, sondern auch als Erotiker. Die erotische Komponente war vielleicht sogar die dauerhafteste und stärkste Kraft in seinem Leben. Eine besonders reizvolle, wenn auch nicht leichte Aufgabe jeder künftigen Russell-Biographie wird es daher sein, die Dialektik der drei Grundkomponenten seines Lebens aufzuzeigen. So viel läßt sich bereits jetzt erkennen, daß mit jeder neuen, tieferen Bindung, also mit jeder Heirat Russells, eine Periode erhöhter Kreativität einherging. Damit heben sich bereits die Themen für acht Kapitel ab: erste Ehe – *Principia Mathematica*, zweite Ehe – Popularphilosophie, *Ehe und Moral* (Nobel-Preis), dritte Ehe – *Philosophie des Abendlandes*, vierte Ehe – Pugwash-Bewegung, Bertrand Russell Peace Foundation. Es versteht sich, daß Kindheit und Jugend sowie das Studium in Cambridge in zwei getrennten Kapiteln zu behandeln sind. Die restlichen vier Kapitel: Erster und Zweiter Weltkrieg, Europa, USA, Rußland und China entsprechen der dritten, politischen Komponente im Leben, Denken und Schaffen Russells.

Wir glauben, mit dieser Themen-Anordnung, die sich auf die eingangs zitierte Selbstanalyse des großen Analytikers gründet, einen annähernd angemessenen Überblick über sein Leben und Werk zu ermöglichen.

---

* Die hochgestellten Ziffern verweisen auf die Anmerkungen S. 142 f.

Kindheit und Jugend

Bertrand Arthur William Russell wurde am 18. Mai 1872 in Trelleck (Wales) geboren. Als Protektor des Gründers seiner Familie führt Russell Heinrich VIII. (1509–47) ein.[2] Das Buch «My Father Bertrand Russell» von Kate Tait, seiner Tochter, enthält auf Seite 116 ein Bild des ersten Earls von Bedford, John Russell, der von 1486 (?) bis 1555 lebte. 1694 erhielt die Familie die Herzogswürde von Bedford. Der sechste Herzog von Bedford heiratete die Tochter des Viscount Torrington. Ihr dritter Sohn, der Großvater Bertrand Russells, ging als Lord John Russell, später erster Earl Russell, in die englische Geschichte ein. Seine zweite Frau war die Tochter des Earl von Minto. Der älteste Sohn aus dieser Ehe (mit dem Titel Viscount Amberley) heiratete Kate Stanley, die Tochter Lord Stanleys von Alderley. Der älteste Sohn der Amberleys Frank, geboren 1865, wurde der zweite Earl Russell. Frank war Bertrand Russells älterer Bruder. Seine Schwester Rachel und seine Mutter verlor Bertrand im Alter von zwei Jahren. Sie starben an Diphtherie. Sein Vater starb achtzehn Monate später.

An seine Eltern konnte sich Bertrand kaum erinnern. Auf Grund von Tagebuchnotizen und Briefen erkannte er nachträglich in seiner Mutter *eine energische, originelle, charaktervolle, witzige, lebhafte, furchtlose Frau... Mein Vater war ein philosophisch veranlagter, wissensdurstiger, aber weltfremder, griesgrämiger und dünkelhafter Mann. Beide waren sie hitzige Weltverbesserer, Reformtheoretiker, die jede Theorie, an die sie glaubten, in die Praxis umzusetzen geneigt waren. Mein Vater war ein Jünger und Freund von John Stuart Mill, von dem beide den Glauben an Geburtenkontrolle und Frauenstimmrecht übernahmen. Infolge seines Eintretens für die Geburtenkontrolle verlor mein Vater seinen Parlamentssitz. Auch meine Mutter geriet wegen ihrer radikalen Ansichten zuweilen arg in die Klemme.*[3]

Die Abneigung gegenüber bloßer Autorität, die Neigung zu radikaler Reformtätigkeit, ja im einzelnen sogar das Eintreten für Geburtenkontrolle und Frauenstimmrecht, hatte Russell mit seinen Eltern gemeinsam. Auch er mußte, wie sein Vater, wegen seiner radikalen reformerischen Ansichten Nachteile in Kauf nehmen. Über die ersten Tage Bertrands besitzen wir ein Zeugnis seiner Mutter: *Der Kleine . . . sieht,*

Der Vater: John Russell, später Lord Amberley

wie alle sagen, Frank sehr ähnlich, hat blaue, weit auseinanderstehende Augen und wenig Kinn . . . Er hebt sein Köpfchen und wirft höchst energische Blicke um sich herum.[4]

Ein Jahr nach Bertrands Geburt erkrankte sein Vater vermutlich an Epilepsie. Wieder ein Jahr später verlor der Bruder seines Vaters, Onkel William, den Verstand. Er lebte bis 1933. Viscount Amberley, der Vater Bertrand Russells, hatte einen talentierten Hauslehrer und Cobden Sanderson, zwei Atheisten, zu Vormündern seiner Söhne eingesetzt, um sie vor den Übeln einer religiösen Erziehung zu bewahren. Der Hauslehrer war schwindsüchtig und starb kurz nach Bertrands Vater (1876). Bertrands Eltern wurden wunschgemäß im Garten von Ravenscroft, jetzt Cleddan Hall, in einem Wald am Ufer des Wye-Flusses,

Die Mutter: Kate Russell, vierte Tochter von Lord Stanley of Alderley

beerdigt. Später wurden ihre Leichen in die Familiengruft zu Chenies überführt.

Russells Großeltern wollten die Kinder auf keinen Fall den *gottlosen Ränkeschmieden* überlassen, denen der Vater die unschuldigen Kinder anvertraut hatte. So wurden Frank und Bertrand zu Mündeln unter Vormundschaft des Kanzleigerichts erklärt, und Sanderson lieferte Bertrand im Februar 1876 in Pembroke Lodge seinen Großeltern aus. Die Ankunft auf dem Bahnhof blieb die früheste noch lebhafte Erinnerung Russells. Das riesige Glasdach des Bahnhofs kam ihm unbegreiflich schön vor. So erscheint es verständlich, wenn wir von diesem Zeitpunkt an sowohl mehr Zeugnisse über Bertrand besitzen als auch Bertrands über seine Großeltern. Auch hier ist jedoch gleich wieder eine Einschränkung zu machen, denn Lord John Russell, früherer Premierminister, der Pembroke Lodge im Richmond Park zu seinem Wohnsitz erwählt hatte, starb schon 1878. Bertrand erinnerte sich an ihn lediglich als einen netten alten Herrn im Rollstuhl, freundlich und kinderlieb, der sich durch den Lärm der Kinder nicht aus der Ruhe bringen ließ. Er war 83 Jahre, als Frank und Bertrand dort eintrafen. Zunächst folgte Frank in die Grafenwürde, die Bertrand erst 1931, als Frank plötzlich in Marseille gestorben war, erhielt.

Über Pembroke Lodge, wo Bertrand Russell seine Kindheit und einen Teil seiner Jugend verlebte, erfahren wir von ihm selbst:

Pembroke Lodge, wo meine Großeltern lebten, ist ein weitläufiges Gebäude mit nur zwei Stockwerken im Richmond Park. Es war eine königliche Schenkung und leitet seinen Namen von jener Lady Pembroke her, die Georg III. in den Jahren seiner Geistesgestörtheit verehrte. Königin Victoria hatte es in den vierziger Jahren meinen Großeltern auf Lebenszeit überlassen, und seitdem wohnten sie dauernd darin . . . Zu Pembroke Lodge gehörte ein Park von [40 Ar], den man größtenteils verwildern ließ. Er spielte eine große Rolle in meinem Leben bis zu meinem achtzehnten Jahr. Nach Westen zu breitete sich eine riesige Sicht aus, die von der Epsomer Heide bis zum Schloß Windsor reichte mit Hindhead und Leith Hill dazwischen. Ich gewöhnte mich an weite Horizonte und unbehinderten Ausblick auf Sonnenuntergänge. Wo ich diese beiden vermissen mußte, habe ich mich seitdem nie wohl gefühlt . . . Meine Eltern waren tot, und ich machte mir viel Gedanken darüber, was für Menschen sie gewesen sein mochten. Mutterseelenallein pflegte ich im Park herumzuwandern, abwechselnd Vogeleier sammelnd und über den Flug der Zeit grübelnd.[5]

Den frühen Verlust der Eltern oder eines Elternteiles hat Russell mit anderen berühmten Denkern gemeinsam: Platon, Leibniz, Kant, Nietzsche. Ist die Frage nach der persönlichen Herkunft, nach dem eigenen Schicksal, vielleicht mit der Suche nach dem Ursprung der Welt, des Lebens und der Menschheit verknüpft? Weite Horizonte und viel Einsamkeit, das zeigt das Beispiel Bertrand Russells deutlich, fördern die philosophische Entwicklung eines Menschen.

Für Russell wurde die Großmutter (väterlicherseits) die bedeutungsvollste Person während seiner ganzen Kindheit, eine schottische Presbyterianerin, liberal in Politik und Religion, aber streng in der Moral. Sie war 23 Jahre jünger als ihr Mann, der als Witwer zwei eigene und vier Stiefkinder mitbrachte. Nach der Heirat wurde er Premierminister. Für sie war es wohl eine schwere Prüfung. Das Gefühl, verliebt zu sein, hat sie wahrscheinlich nie erlebt. Dafür war sie eine tief besorgte Mutter und Großmutter, zudem eine für ihre Zeit gebildete Frau. Sie sprach Französisch, Deutsch und Italienisch akzentfrei. Ihre Ethik war viktorianisch, puritanisch, und sie glaubte nicht, daß ein Mensch, der flucht, gu-

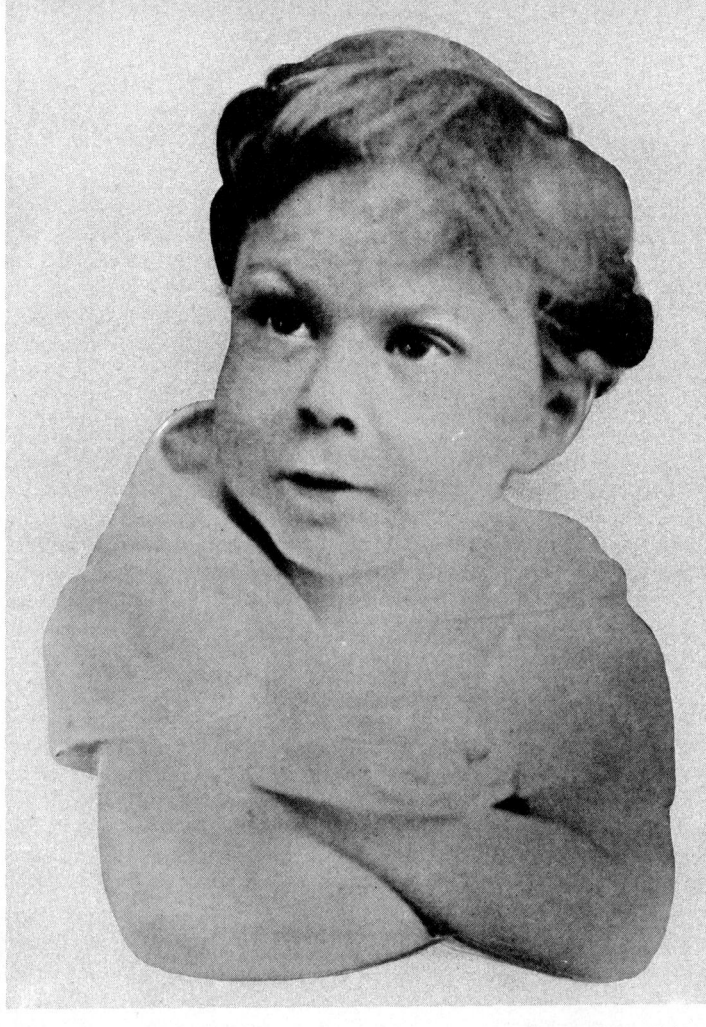

Bertrand, vier Jahre alt

te Eigenschaften hat. Einmal sagte sie: «*Weißt du, ich bin keineswegs der Ansicht, daß die Liebe zwischen Eheleuten etwas ebenso Schönes ist wie die Liebe der Eltern zu den Kindern, und zwar weil sie zuweilen mit Selbstsucht verbunden ist.*»[6] Russell hat nie bestritten, daß seine Großmutter einen fundamentalen Einfluß auf seine geistige Entwicklung nahm. *Sie schenkte mir eine Bibel, auf deren Vorsatzblatt ihre Lieblingsstellen angegeben waren. Eine davon war «Du sollst der Menge nicht fol-*

gen zum Bösen». *Diese von ihr so hervorgehobene Bibelstelle hat mich in meinem späteren Leben vor der Angst bewahrt, kleinen Minderheiten anzugehören.*[7]

Von anderen Personen im Haus der Großmutter sind Onkel Rollo und sein Bruder Frank zu nennen. Onkel Rollo war ein schüchterner Mann, hatte früher im Auswärtigen Amt gedient, dann aber wegen eines Augenleidens keine feste Stellung mehr angenommen. Er beschäftigte sich mit meteorologischen Fragen und stellte Untersuchungen über den Vulkanausbruch des Krakatau im Jahre 1883 an. Die Gespräche mit Onkel Rollo haben viel dazu beigetragen, Russells wissenschaftliche Interessen anzuregen. Sein Bruder Frank, sieben Jahre älter als Bertrand, war kein rechter Gespiele für ihn. Er neckte ihn immer und tyrannisierte ihn wohl auch ein wenig. Zusammenfassend bemerkt Russell über sein Kinderschicksal:

Während des größten Teils meiner Kindheit waren meine bedeutsamsten Tagesstunden die, die ich allein im Park verbrachte, der erfüllteste Teil meines Lebens verlief in Einsamkeit. Selten nur erwähnte ich andern gegenüber etwas von meinen tieferen Gedanken, und wenn ich es einmal tat, bereute ich es . . . ich lauschte dem Wind und bejubelte den Blitz. Meine ganze Kindheit hindurch wurde das Gefühl der Einsamkeit immer stärker, und dazu das der Hoffnungslosigkeit, daß ich jemals einen Menschen finden würde, mit dem ich mich aussprechen könnte. Vor völliger Verzweiflung bewahrten mich die Natur, die Bücher und (später) die Mathematik.[8]

Bei einem Aufenthalt in London kam Bertrand, als er sieben Jahre alt war, mit der Familie seiner Mutter zusammen. Sein Großvater (mütterlicherseits) war tot, seine Großmutter, Lady Stanley of Alderley, lebte noch in einem großen Haus mit ihrer Tochter Maude. Großmutter Stanleys spitze Zunge verschonte niemanden. Russell fühlte sich, im Vergleich mit den Stanleys, recht schüchtern. Als er einmal die Kenntnis einer Reihe von Autoren, nach denen ihn seine Großmutter Stanley fragte, verneinen mußte, sagte sie zu den Gästen: *«Ich habe keine intelligenten Enkel.»* Nach Russell war sie *eine Figur aus dem achtzehnten Jahrhundert, ebenso rationalistisch wie phantasielos, immer auf Aufklärung erpicht und voll Verachtung für die Zimperlichkeit und den Tugenddünkel der viktorianischen Epoche*[9]. Sie verachtete alles, was ihr albern vorkam. Bertrand kannte seinen Großvater (mütterlicherseits) nicht. Er soll sich ihr gegenüber aber behauptet haben.[10]

Als Russell elf Jahre alt war, lehrte ihn sein Bruder die euklidische Geometrie: *Es war dies eines der größten Ereignisse meines Lebens, atemberaubend wie erste Liebe . . . Von diesem Augenblick an bis zu dem, da Whitehead und ich die «Principia Mathematica» beendeten – ich war damals achtunddreißig –, galt der Mathematik mein vornehmlichstes Interesse und war sie für mich die Quelle höchster Beglückung.*[11]

Aus seinen Selbstzeugnissen geht hervor, daß er als Kind weder ein menschenscheuer Eigenbrötler war noch ein immer fröhlicher, problemloser Lausbub, daß vielmehr bei ihm, wie bei jedem normalen Kind, Ernst und Heiterkeit miteinander wechselten, wenn auch mit leichtem Übergewicht des zur Einsamkeit neigenden, zuversichtlichen Naturells. *Meine Kindheit ist alles in allem glücklich und glatt verlaufen; für die meisten Erwachsenen, mit denen ich in Berührung kam, empfand ich Zuneigung . . . Meine Reifejahre verliefen sehr einsam und freudlos, sowohl was das Gefühls- wie das Verstandesleben angeht . . . Meine Interessen waren geteilt zwischen Sexualität, Religion und Mathematik.*[12]

In der Pubertät war natürlich von einer Aufklärung im heutigen Sinn keine Rede. Mit zwölf Jahren erfuhr Bertrand von einem Kameraden die Tatsachen des Geschlechtslebens. Sonntags ging er abwechselnd in die anglikanische Pfarrkirche von Petersham und in die presbyterianische Kirche von Richmond. Zu Hause wurde er in den Lehren des Unitarismus unterwiesen. Daran glaubte er ungefähr bis zum fünfzehnten Lebensjahr. In diesem Alter begann er, die christlichen Glaubenssätze einer systematischen Prüfung zu unterziehen. Von den drei Dogmen Gott, Freiheit und Unsterblichkeit ließ Russell zuerst das Dogma der Willensfreiheit fallen. Er hielt es für unvereinbar mit den Gesetzen der Dynamik. Seine Überlegungen schrieb er in einem Heft unter dem Titel *Griechische Übungen* nieder. Dies ist ein hervorragendes Dokument zur geistigen Entwicklung Russells, auf das wir noch näher eingehen. Er glaubte, daß der menschliche Körper eine Maschine sei, konnte sich aber mit dem Materialismus nicht anfreunden, denn er hielt das eigenen Gesetzen unterstehende Bewußtsein für eine unbestreitbare Tatsache. Mit siebzehn Jahren gab er den Glauben an die Unsterblichkeit der Seele auf, während er an dem Glauben an Gott festhielt, da ihm das Argument der «Ersten Ursache» unwiderlegbar schien. Als er jedoch mit achtzehn Jahren Mills «Autobiography» las, stieß er auf die Frage: «Wer hat Gott geschaffen?» Da ließ er auch den Beweis der «Ersten Ursache» fallen und wurde Atheist. Der allmähliche Verlust des Glaubens machte ihn, wie er sagt, höchst unglücklich. Als er ihn dann aber aufgegeben hatte, war er froh, die ganze Sache hinter sich zu haben. In diesen Jahren lernte Russell Italienisch, um Dante und Machiavelli im Urtext lesen zu können. Er las Comte, Mills «Political Economy» und «Logic» sowie Carlyle, Gibbon und Swift. All diesen geistigen Reichtum hütete er sorgsam für sich, fand er doch niemand, mit dem er darüber und über seine Probleme reden konnte. In Gesellschaft blieb Bertrand schüchtern, kindisch, linkisch, wenn auch artig und freundlich. Er beneidete Menschen, die sich frei und unbekümmert in Gesellschaft bewegen konnten. Er glaubte, daß nie eine Frau, die er schätzte, auch für ihn etwas empfinden könne. Bis zu seinem sechzehnten Geburtstag wurde er von Hauslehrern unterrichtet, kurz davor nach Old Southgate zu einem

Das Geburtshaus: Ravenscroft

Militäreinpauker geschickt, um das Stipendiatenexamen des Trinity College von Cambridge zu bestehen. Die meisten jungen Leute gingen von da aus zur Armee, bis auf ein paar Durchgefallene, die dann Geistliche wurden. Seine Mitbewerber waren zwischen siebzehn und neunzehn Jahren. Er war der jüngste. Russell, der noch einige Jahre zuvor die freie Liebe propagiert und die Ehe als eine Folgeerscheinung christlichen Aberglaubens angesehen hatte, fühlte sich nun von der hier auftretenden brutalen Form der Sexualität abgestoßen und gelangte zu der Ansicht, daß Geschlechtsleben ohne tiefe Liebe tierisch sei. Er zog sich in sich selbst zurück, mied die anderen Schüler, wurde aber gerade deswegen eine geeignete Zielscheibe ihres Spottes. Er fühlte sich in dieser Gesellschaft sehr unglücklich. Vom Selbstmord hielt ihn der Wille zurück, sich in der Mathematik mehr Wissen anzueignen.[13]

Im Dezember 1889 stellte er sich zum Examen und erhielt ein kleines Stipendium. In dieser Zeit lernte er einen jungen Mann namens Edward FitzGerald kennen, der für eine kurze Zeit sein Freund wurde. Edwards Mutter war Amerikanerin, sein Vater Kanadier. FitzGerald und seine Familie nahmen Russell 1889 zu einer Auslandsreise mit. Zuerst fuhren sie nach Paris, wo 1889 gerade die Weltausstellung stattfand. Darauf reisten sie in der Schweiz umher und blieben einige Zeit im Engadin. Leider gerieten die Freunde in diesen Tagen heftig aneinander. Russell konnte nicht ertragen, wie ungezogen FitzGerald mit seiner Mutter umging. Nach ihrer Rückkehr bewohnten sie in Cambridge noch ein Zimmer zusammen, stritten aber weiter miteinander. Von tiefem Haß erfüllt, hätte Russell FitzGerald beinahe einmal erwürgt. Danach wurden sie jedoch wieder gute Freunde, solange FitzGerald in Cambridge lebte, das er gegen Ende des zweiten Jahres wegen seiner Heirat verließ. In dieser Zeit trat eine zunehmende Entfremdung zwischen Russell und seinen Angehörigen ein. *Tatsächlich fand ich das Leben daheim von meinem vierzehnten Jahr ab nur erträglich um den Preis vollständigen Stillschweigens über alles, was mir am Herzen lag.*[14] Großmutters Spott kränkte Bertrand, Tante Agatha war ebenso boshaft, Onkel Rollo hatte sich aus Kummer über den Tod seiner ersten Frau in sich selbst zurückgezogen, und Bruder Frank, der am Balliol College studierte, war Buddhist geworden. Als er großjährig geworden war, bekam Bertrand seinen Bruder nur noch selten zu sehen, da die Familie Frank als einen gottlosen Menschen ansah und er sich von der Familie fernhielt. Bezeichnend für diesen ganzen Abschnitt seiner Entwicklung ist der Satz: *Mich hielt die Entschlossenheit aufrecht, etwas Bedeutendes auf dem Gebiet der Mathematik zu leisten, sobald ich erwachsen sein würde, ich nahm jedoch*

Pembroke Lodge im Richmond Park, der Wohnsitz von Russells Großeltern väterlicherseits. Hier verbrachte Bertrand den größten Teil seiner Kindheit

nicht an, daß ich je einem Menschen begegnen würde, mit dem ich mich anfreunden oder dem ich freimütig meine Gedanken mitteilen könne, und ebensowenig erwartete ich, daß irgendein Abschnitt meines Lebens ohne schweres Ungemach verlaufen könne.[15]

Mit beiden Voraussagen sollte Russell recht behalten: im Positiven mit der Schaffung der *Principia Mathematica*, im Negativen mit den Schwierigkeiten, die ihm Orthodoxe, Priester, Bürokraten und Politiker bereiten sollten. In Southgate interessierte er sich zusehends mehr für Politik und Nationalökonomie. Er ließ sich von der Ansicht überzeugen, daß die Verstaatlichung von Grund und Boden alle Wohltaten, die sich die Sozialisten vom Sozialismus versprachen, herbeiführen werde, behielt diese Ansicht aber nur bis zum Ersten Weltkrieg. Da Großmutter Russell die Homerule-Politik Gladstones verfocht, kamen viele irische Abgeordnete nach Pembroke Lodge. Onkel Rollo erwarb 1883 ein Haus an den Hängen von Hindhead, wo Russell viele Jahre hindurch immer drei Monate zu Gast war. Dort lernte er auch den berühmten Physiker und Bergsteiger John Tyndall kennen, der 1868 die Rumford-Medaille erhielt. Tyndall hatte 1858 das Finsteraarhorn (4275 m) bestiegen und 1862 versucht, das Matterhorn von Süden her zu besteigen. Besonders entzückte Russell ein kleiner Fußweg, der zur Kuppe des Hurt Hill führte, von wo aus er eine Aussicht auf halb Sussex und fast ganz Surrey hatte: *Solche Augenblicke sind in meinem Leben immer von Bedeutung gewesen. Überhaupt hinterließ alles, was mir außer Hause, unter freiem Himmel zustieß, stets einen tieferen Eindruck, als was ich im Hause, zwischen vier Wänden, erlebte.*[16]

Der bereits erwähnten Schrift *Griechische Übungen* können wir wichtige Einzelheiten über Russells philosophische Entwicklung entnehmen. Er bediente sich bei diesen Aufzeichnungen griechischer Buchstaben, aus Angst, man könne seinen Gedanken auf die Spur kommen. Im März 1888 schrieb er darin, daß er kaum mehr an die Unsterblichkeit glauben könne, wohl aber an Gott. Er bezeichnet sich als einen Theisten. In einer Aufzeichnung vom 6. April des gleichen Jahres heißt es: *Ich wollte, ich könnte an das ewige Leben glauben, denn es macht mich ganz unglücklich, den Menschen lediglich für eine Art Maschine zu halten, die zum Leidwesen für ihn selbst mit Bewußtsein ausgestattet ist. Keine andere Theorie jedoch ist vereinbar mit der vollständigen Allmacht Gottes, von der die Wissenschaft, wie mir scheint, reichlich Bekundungen liefert. Ich muß also entweder Atheist sein oder die Unsterblichkeit bezweifeln. Da ich das erste unmöglich finde, bekehre ich mich zum anderen, doch ohne es jemand zu bekennen.*[17] Eine Notiz vom 20. April befaßt sich mit ethischen Problemen. Russell betrachtet es als sein Lebensgesetz, von dem abzuweichen ihm als Sünde erschiene, so zu handeln, daß er mit größter Wahrscheinlichkeit den höchsten Stärke- und Streuungsgrad des Glücks erreiche. Die oberste Instanz für dieses Lebensgesetz ist für ihn nicht das

*Der Großvater Lord John Russell, späterer Earl Russell
(National Portrait Gallery, London)*

Gewissen, sondern die Vernunft, wobei er das Gewissen größtenteils von der Erziehung abhängig sein läßt. Bezeichnenderweise setzt er hinzu, daß seine Großmutter das für eine nicht in Praxis umsetzbare Lebensregel hielt. Am 29. April schrieb Russell: *Als Ideal betrachte ich das, was letztlich das größte Glück der größten Zahl hervorbringt. Dann kann ich Vernunft anwenden, um das beste zu diesem Ziel führende Verfahren herauszufinden.*[18] Am 20. Mai äußert sich Russell zum Verfall der höheren Bildung: *In Tat und Wahrheit jedoch ist es traurig zu sehen, wie durchschnittlich die jungen Menschen überall sind. Kein Verstand, kein selbständiger Gedanke, keine Liebe zu guten Büchern oder zu sittlicher Verfeinerung. Es ist wirklich traurig, daß die Oberklassen eines kultivierten und (angeblich) moralischen Landes nichts Besseres hervorzubringen vermögen.*[19] Andere Denker von entsprechender Sensibilität kamen zu

dem gleichen Ergebnis, zum Beispiel Nietzsche, dessen Diagnose, ange-
fangen von den «Unzeitgemäßen Betrachtungen» bis zu den letzten
Werken ganz ähnlich lautet. Im Gegensatz zu Nietzsche zeigt Russell indessen eine große Besorgnis über den Verlust seiner Religion und darüber, daß seine Auffassungen sich verbreiten: *Ich habe die größte Angst,
daß es mit meinem Leben dann bergab geht, weil ich die Stützung durch
die Religion verloren habe. Vor allen Dingen möchte ich nicht, daß meine
Religion sich verbreite . . . Wenn ich je mit dem, was ich zu sein hoffe,
Schiffbruch erleide, so werde ich zur Erklärung dieses Tagebuch vorwei-
sen. Was uns nottut, ist ein neuer Luther. Denn Religionen altern wie
Bäume, wenn sie nicht von Zeit zu Zeit «reformiert» werden. Das Christentum, wie es jetzt besteht, gehört einer vergangenen Epoche an. Wir
brauchen eine neue Form, die mit der Wissenschaft im Einklang ist und
doch zu einem rechten Leben verhilft.*[20] Russells Wissenschaftsglaube
war jedoch nicht von Zweifeln ungetrübt.[21] Er hütete sich aber davor zu
verallgemeinern. In seinem persönlichen Fall, stellte er fest, habe die
Wahrheitsforschung mehr Schlechtes als Gutes bewirkt.[22] Manchmal
hielt ihn nur der Gedanke an seine Familie vom Selbstmord zurück.[23]
Mit dieser Bemerkung beschließt er seine *Griechischen Übungen.*

Fassen wir abschließend die wichtigsten Faktoren aus Kindheit und
Jugend Russells zusammen, die seine spätere Entwicklung entscheidend
mitbestimmt haben! Der frühe Verlust seiner Eltern regte ihn auf den
einsamen Spaziergängen durch den Park von Pembroke Lodge zur philosophischen Frage nach dem Woher seines Lebens und des Lebens
überhaupt an. Die Neigung zu philosophischer Reflexion, ja zum Grü-
beln, die er selbst als Erbteil der Russell-Familie ansah, wurde in gewisser Weise durch die Anlagen der Stanley-Familie, der Familie seiner
Mutter, kompensiert: *Von den Russells habe ich die Schüchternheit,
Feinfühligkeit und metaphysische Veranlagung; von den Stanleys die Tatkraft, Gesundheit und Heiterkeit. Alles in allem scheint dies letzte Erbgut
jenem ersten vorzuziehen zu sein.*[24]

Bertrand war und blieb ein einsames Kind, und er liebte die Einsamkeit als unerläßliche Bedingung für schöpferische Tätigkeit, Kontemplation und Meditation. Bezeichnend für sein ganzes Leben wurde auch das
Naturerlebnis seiner Kindheit und Jugend, die Freude an Sehnsucht
weckenden, weiten Horizonten, die Vorliebe für lange Spaziergänge in
der freien Natur, die Gelegenheit, das Werden und Vergehen, Zeit und
Jahreszeiten zu beobachten. Schicksalhaft wurde für ihn die Erziehung
durch seine puritanische Großmutter. Obwohl er sich zeitlebens gegen
die puritanische Moral auflehnte, verdankte er ihr doch, das gesteht er
ehrlich zu, den letzten Halt und Grund seines Lebens.

Russell war gesund und vernünftig genug, in Theorie und Praxis den
Ausgleich zu suchen, extreme Positionen zu vermeiden, die Synthese zu
erstreben und auch im Urteil gerecht zu bleiben. Es war nicht zuletzt

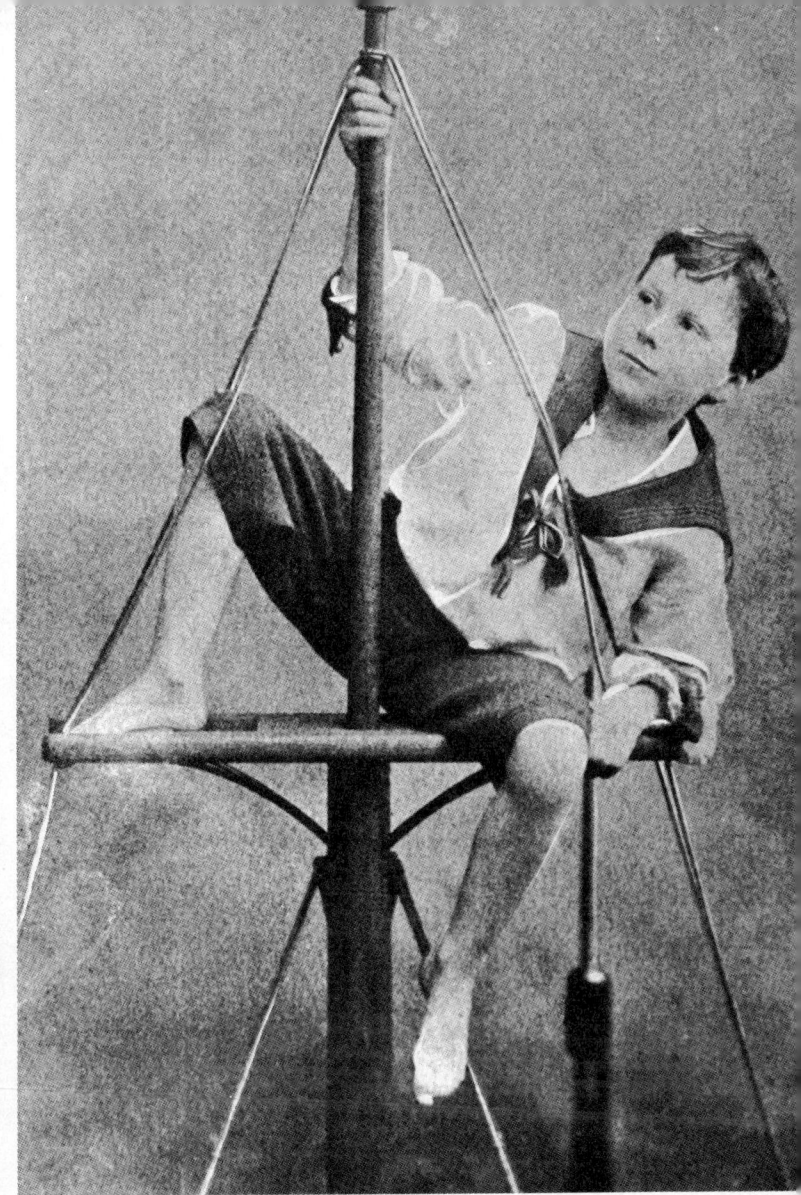

Etwa zehn Jahre alt

Der Bruder

dem kritischen, manchmal vor Spott nicht zurückschreckenden Einfluß seiner Großmutter zu verdanken, daß er sich nicht zum blinden Idealisten, Radikalisten, Utopisten und Illusionisten entwickelte. Am Ende seiner Jugendzeit hatte Russell zwar den Glauben an Gott, Unsterblichkeit und Freiheit verloren, aber die Weichen für eine solide wissenschaftliche Ausbildung, für eine wirklichkeitsnahe Philosophie und für ein gesundes politisches Urteil waren gestellt. Wir werden in den folgenden Kapiteln sehen, daß diese nicht zuletzt von ihm selbst erarbeitete Ausgangsposition es ihm ermöglichte, das Werk seines ferneren Lebens, Denkens und Arbeitens mit viel Ausdauer, Geduld, Geschick und Vernunft anzupacken und – zu meistern.

Cambridge

Rückblickend auf die Zeit von 1890 bis 1916 bemerkte Russell, Cambridge sei der einzige Ort auf Erden, den er als seine Heimat betrachten konnte. Zuerst ging er Anfang Oktober 1890 als Student nach Cambridge und studierte dort bis 1894. Seine Dissertation über die Grundlagen der Geometrie trug ihm 1895 ein Fellowship am Trinity College ein, das er bis 1901 innehatte, ohne dafür in Cambridge lehren oder wohnen zu müssen. 1910 wurde er vom Trinity College auf fünf Jahre zum Dozenten ernannt, was ihm zwar dasselbe Gehalt wie ein Fellowship einbrachte, aber er hatte weder ein Stimmrecht in der College-Verwaltung noch Sicherheit hinsichtlich seiner Rechte. Dieser scheinbar unwesentliche Unterschied wirkte sich für ihn im Jahre 1915 verhängnisvoll aus, als er wegen seines Einsatzes für die Wehrdienstverweigerer verurteilt und bestraft wurde. Im Februar 1915 wollte der Rat des College ihm ein Fellowship zugestehen, nachdem sein Dozentenvertrag abgelaufen war. Russell suchte indessen um zwei Urlaubstrimester nach, um seine politische Arbeit fortzusetzen. Da beschloß man, den Dozentenvertrag für weitere fünf Jahre zu verlängern. Als aber der Rat von Russells Verurteilung hörte, entzog er ihm auch die Dozentenstellung. Nach dem Ende des Ersten Weltkriegs wurde Russell wieder berufen. Er nahm die Berufung an, ließ sich aber für das akademische Jahr 1920/21 beurlauben. 1921 trat er zurück, da er infolge seiner zweiten Heirat einen Skandal am College fürchtete. Gegen Ende des Zweiten Weltkriegs, im Oktober 1944, erhielt er dann wieder ein Fellowship am Trinity College; es wurde zwei Jahre später bis 1949 verlängert und dann in ein Fellowship auf Lebenszeit umgewandelt, das ihm keinerlei Pflichten auferlegte. Von seinen Jahren in Cambridge interessiert uns hier zunächst nur die Zeit bis 1916. In der Zwischenzeit, die er nicht in Cambridge verbrachte, hielt er sich bald in London, bald in Oxford oder an kleineren Orten auf, wenn er nicht gerade reiste. Sein Vater hatte in Cambridge, sein Bruder in Oxford studiert. Bertrand entschied sich für Cambridge, weil dort Mathematik in höherem Ansehen stand. Zum erstenmal kam er im Dezember 1889 dorthin, um die Prüfungen für die Aufnahmestipendien abzulegen. Er erhielt ein kleines Stipendium, worüber er sich sehr freute, weil er sich das erste Mal mit begabten Altersgenossen messen durfte.

Es waren vor allem zwei Dinge, die ihn in seiner Cambridger Zeit beglückten: einmal der Auf- und Ausbau eines Freundeskreises, sodann seine Aufnahme in die Diskutiervereinigung «Die Gesellschaft». Die eigentliche akademische Ausbildung schätzte er gering. Wir wollen uns daher hier weniger mit seinem Studiengang als mit seinen Freunden und Diskussionsthemen befassen.

Einer der Freunde Russells aus dieser Zeit war Bob Trevelyan, ein mehr gelehrter als beseelter Dichter von kauzigem Humor. Bob war vielleicht der größte Bücherwurm und Stubengelehrte, der Bertrand je begegnete. Das wirkliche Leben interessierte ihn nicht, sondern das, was in den Büchern steht. Russell hatte sich eine Testfrage ausgedacht, die er vielen Leuten stellte, um festzustellen, ob sie Pessimisten waren: *Würden Sie die Welt vernichten, wenn Sie die Macht dazu hätten?* Diese Frage stellte er auch Bob Trevelyan in Gegenwart seiner Frau und seines Kindes. Der aber antwortete: *«Was?! . . . Meine Bibliothek vernichten? Nie und nimmer!»*[25]

Im zweiten Jahr seines Studiums kannte Russell bereits die gescheitesten Leute der Universität. Im dritten Jahr lernte er jedoch einen Mann kennen, der seine weitere Entwicklung entscheidend beeinflußte: G. E. Moore. Er war damals noch Fuchs und stellte einige Jahre lang für Russell das Idealbild des Genies dar. Er berichtet, es sei ihm nur einmal gelungen, ihn zu einer Lüge zu veranlassen, und das nur mit Hilfe einer Fangfrage. Er fragte Moore: *Sagst du immer die Wahrheit?* Darauf jener: «Nein.» Unter McTaggarts Einfluß war auch Moore eine gewisse Zeit Hegelianer gewesen, wandte sich dann aber von Hegel ab. Russell schreibt dazu: *Es waren in der Hauptsache die Gespräche mit ihm, die mich veranlaßten, sowohl Kant wie Hegel aufzugeben. Obwohl er zwei Jahre jünger war als ich, beeinflußte er meine philosophischen Anschauungen stark. Ein Lieblingsvergnügen aller Freunde Moores war es, ihm zuzusehen, wenn er seine Pfeife anzünden wollte. Er strich ein Streichholz an, begann dann zu disputieren und hörte damit nicht auf, bis ihm das Zündholz die Finger versengte. Darauf strich er ein zweites an, dann wieder eines, und so fort, bis die Schachtel leer war. Es war das zweifellos sehr gut für seine Gesundheit, da er dann wenigstens für Augenblicke nicht rauchte.*[26] Im vierten Jahr seines Studiums war aus dem *schüchternen Tugendbold* ein bisweilen lustiger Geselle geworden. Als er einmal viel über den Pantheismus gelesen hatte, verkündete er seinen Freunden, er sei Gott. Darauf stellten sie rechts und links von ihm Kerzen auf und ergingen sich vor ihm in travestierten Andachtszeremonien. Nach und nach erschien ihm die Philosophie manchmal als ein Scherz.

«Die Gesellschaft», eine Diskutiervereinigung, die auch «Die Apostel» genannt wurde und der durchschnittlich ein oder zwei Studenten eines Jahrgangs angehörten, versammelte sich jeden Samstagabend. Sie bestand schon seit 1820. Ihr hatte fast die gesamte geistige Elite von

Der Park von Trinity College

Cambridge angehört. Die Wahl der nichts ahnenden Kandidaten erfolgte geheim. Anfang 1892 wurde Russell in «Die Gesellschaft» aufgenommen. Zu den Mitgliedern der Gesellschaft, die ihn besonders beeindruckten, gehörten Lytton Strachey und John Maynard Keynes, später ein berühmter Nationalökonom und Politiker. *Keynes besaß den schärfsten, klarsten Verstand, den ich je erlebt habe. Wenn ich mich mit ihm auf eine Diskussion einließ, wußte ich, daß ich Kopf und Kragen riskierte. Ich ging selten daraus hervor, ohne mir selbst ein bißchen dumm vorzukommen.* [27] Von Moores überragender Bedeutung gewann Russell seinen ersten Eindruck in der «Gesellschaft», wo Moore ein Referat hielt,

25

Cambridge

das er mit dem Satz begann: «Im Anfang war die Materie, und die Materie zeugte den Teufel, und der Teufel zeugte Gott.»[28] In der Abhandlung starb dann zuerst Gott, dann der Teufel, und nur die Materie blieb übrig.

Zusammenfassend sagt Russell über seine Cambridger Studienjahre: *Den größten Teil dessen, was ich dort an Philosophie lernte, erkannte ich nach und nach als falsch, und ich mußte viel meiner nachfolgenden Jahre darauf verwenden, allmählich die Denkgewohnheiten abzulegen, die ich dort erworben hatte. Die einzige Denkgewohnheit von wahrhaftigem Wert, die ich von dort mitnahm, war intellektuelle Redlichkeit.*[29]

Aus der Zeit der Lehrtätigkeit in Cambridge sind außer A. N. Whitehead und einigen weiblichen Bekannten, auf die wir noch zurückkommen, vor allem die klassischen Philologen Lowes Dickinson und Gilbert Murray zu nennen, ferner die Begegnung mit dem Dichter Joseph Conrad. Mit Dickinson korrespondierte Russell zwischen 1902 und 1904 nicht nur über interessante kulturphilosophische Themen, sondern auch über persönliche Anschauungen und Gefühle.[30] Über die Beziehungen der Menschen zueinander heißt es: *Wir stehen am Ufer eines Ozeans und schreien in die leere Nacht hinaus; zuweilen antwortet eine Stimme aus dem Dunkel. Aber es ist die Stimme eines Ertrinkenden, und im nächsten Augenblick kehrt das Schweigen wieder.*[31] In Briefen aus dem Jahre 1902 an Gilbert Murray werden Themen wie Gewissen, Glück der Menschheit, Menschenwürde und Menschenliebe angeschnitten. Gegen die flachen Formen des Optimismus und der Nächstenliebe grenzt sich Russell ausdrücklich ab: *Wir sollten unsere Nächsten durch die Liebe zu Gott lieben, sonst ist unsere Liebe zu weltlich. Zumindest scheint es mir so. Doch die Kälte meiner eigenen Lehre stößt mich ab, außer in Augenblicken, da die Liebe zu Gott hell aufflammt.*[32]

1913 begann Russells Freundschaft mit dem Dichter Joseph Conrad, ein bedeutendes Ereignis für ihn. Conrad erschien ihm bis in die Fingerspitzen als ein polnischer Aristokrat. Sein Verhältnis zur See und zu England entsprang einer romantischen Liebe. Im Grunde seiner Seele empfand Russell eine tiefe Übereinstimmung mit Conrad: *Sein adeliges, von Kraft und Leidenschaft getragenes Wesen glänzt in meiner Erinnerung nach wie ein Stern, den man vom Grund eines Brunnens her sieht. Ich wollte, ich könnte sein Licht auch andern Menschen so erstrahlen lassen, wie es für mich gestrahlt hat.*[33]

Blicken wir auf die Jahre zurück, die Russell als Student und Dozent vor dem Ersten Weltkrieg in Cambridge verbrachte, so stellen wir fest, daß er sich von einem *schüchternen Tugendbold* zu einem jungen Mann entwickelte, der sich seinen Kollegen und Mitmenschen gegenüber nicht nur aufgeschlossen zeigte, sondern darüber hinaus mit leidenschaftlichem Herzen den Kontakt zu anderen Menschen suchte und dabei die tiefsten Tiefen seiner eigenen Psyche wie die seiner Mitmenschen auslotete. Russell erschloß sich auf diese Weise nicht nur den äußeren Zugang zur geistigen Elite seiner Zeit. Dank seines Einfühlungsvermögens und seiner Geduld gewann er Freunde, wenn nicht fürs Leben, so doch für viele Jahre und Jahrzehnte. Der Reigen seiner Bekanntschaften und Freundschaften spiegelt in gewisser Weise das Spektrum seiner Interessen, Neigungen, Leidenschaften und Wünsche wider. Klassische Philologen von Rang weckten in ihm das Bedürfnis, sich tiefer mit den Fragen der Ethik, Kultur, Sprache, Religion und Geschichte zu befassen, große Künstler gewährten ihm unersetzbare Einblicke in die Werkstätte ihrer schöpferischen Phantasie und intensivierten sein Erleben, bedeutende

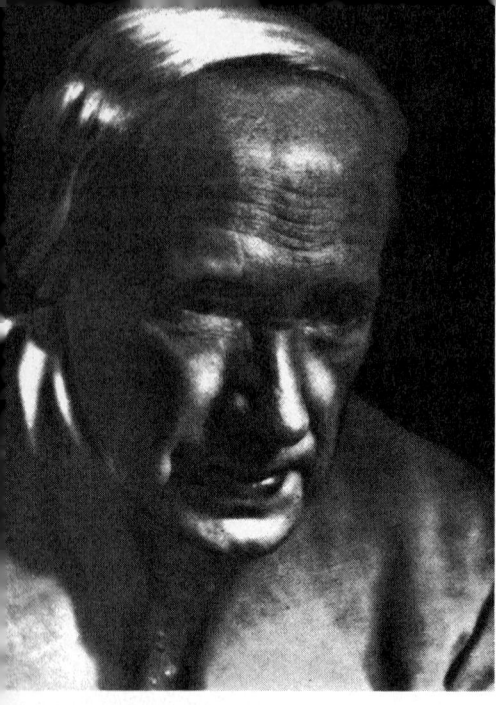

George Edward Moore

Gelehrte verhalfen ihm zu einem universalen und tiefen Verständnis der Wirklichkeit.

Es bleibt nun noch die Aufgabe, einen kurzen Überblick über Russells Schriften aus dieser Zeit zu geben, soweit sie nicht speziell politischen oder mathematischen Inhalts sind. Auf sie kommen wir in anderem Zusammenhang zurück. Danach bleiben übrig: sein Buch über Leibniz, die *Philosophischen Essays*, die *Probleme der Philosophie* sowie seine Arbeit über unser Wissen von der Außenwelt.

Auf Leibniz stieß Russell ganz zufällig. Ursprünglich sollte McTaggart einen Kurs über Leibniz halten. Da er aber nach Neuseeland fahren wollte, bat das College Russell, dessen Kurs zu übernehmen. Dabei bot sich ihm die Gelegenheit, seine neuen Anschauungen über die Logik, zu denen er größtenteils unter Moores Anleitung gekommen war, zu überprüfen. Aus dieser Beschäftigung mit der Leibnizschen Philosophie entstand dann das zuerst 1900 veröffentlichte Buch *Eine kritische Darlegung der Philosophie von Leibniz*. Darin befaßt sich Russell zunächst mit den Voraussetzungen der Leibnizschen Philosophie, dann mit den notwendigen Sätzen und dem Satz des Widerspruchs, mit den zufälligen Sätzen und dem Satz vom zureichenden Grund, mit dem Begriff der

Substanz, der Identität des Ununterscheidbaren, dem Satz von der Kontinuität, mit Möglichkeit und Mitmöglichkeit, mit der Frage, warum Leibniz an eine ewige Welt glaubte, mit der Philosophie der Materie, einmal als Folge der Prinzipien der Dynamik, sodann als Erklärung von Kontinuität und Ausdehnung, ferner mit dem Labyrinth des Kontinuums, mit der Theorie von Raum und Zeit und ihrer Beziehung zur Monadenlehre, mit der Natur der Monaden im allgemeinen, mit Seele und Körper, mit der verworrenen und unbewußten Wahrnehmung, mit Leibnizens Erkenntnistheorie, seinen Beweisen für die Existenz Gottes und mit Leibnizens Ethik. Russells Kritik an Leibniz konzentrierte sich auf dessen Theorie, daß alle Sätze eine Subjekt-Prädikat-Form haben,

Bertrand Russell
als Student

George Gilbert Murray

damit auf Leibnizens Logik und implizit auf dessen Metaphysik. In Louis Couturats Arbeit über die Logik von Leibniz[34] sah Russell den dokumentarischen Nachweis für die Richtigkeit seiner Leibniz-Deutung erbracht.

In den *Philosophischen Versuchen* (1910), die später unter dem Titel *Mystik und Logik* (1918) erschienen, befaßte sich Russell mit so verschiedenen Gegenständen wie den Elementen der Ethik, mit dem, was der freie Mensch verehrt, mit dem Studium der Mathematik, dem Pragmatismus, mit William James' Begriff der Wahrheit, mit der monistischen Wahrheitstheorie und dem Wesen von Wahrheit und Falschheit.

In den *Problemen der Philosophie* (1912) befaßt sich Russell mit den Begriffen Erscheinung und Wirklichkeit, mit der Frage nach der Existenz der Materie, der Natur der Materie, dem Wesen des Idealismus, den Erkenntnisformen, der Induktion, mit der Erkenntnis allgemeiner Prinzipien, mit der Frage, wie a priori Erkenntnis möglich ist, mit der Welt der Universalien und unserer Erkenntnis der Universalien, mit intuitiver Erkenntnis, mit der Theorie von Wahrheit und Falschheit, mit Wesen, Irrtum und Wahrscheinlichkeit, mit den Grenzen philosophischer Erkenntnis und dem Wert der Philosophie.

Über die Entstehung seines Buchs *Unser Wissen von der Außenwelt als Gebiet wissenschaftlicher Methode in der Philosophie* (1914) gibt uns Russell selbst Auskunft. Im Frühjahr 1914 sollte er am Lowell Institute in Boston und gleichzeitig an der Harvard University über Philosophie lesen. Er kündigte ein Thema an, zerbrach sich aber den Kopf darüber, was er eigentlich sagen sollte. Als der Tag des Vorlesungsbeginns immer näher rückte, bestellte er von einem Tag auf den andern eine Stenotypistin, obwohl er immer noch nicht wußte, was er ihr diktieren sollte. Als sie dann kam, stellten sich ihm aber die Gedanken ein, und er diktierte die Arbeit *in vollkommen geordnetem Zusammenhang vom Anfang bis zum Schluß*, und dieses war das genannte Buch. Russell befaßt sich darin unter anderem mit der Logik als dem Wesen der Philosophie, mit unserer Kenntnis der Außenwelt, mit der Welt der Physik und der Welt der Sinne, mit der Theorie der Kontinuität, mit dem Problem des Unendlichen in historischer Sicht sowie mit dem Begriff der Ursache, angewandt auf das Willensproblem. Die Auseinandersetzung mit Leibniz hatte Russell wohl zum erstenmal das umfassende Spektrum philosophischer Problematik sichtbar gemacht. Aus der logischen Problematik begann sich bei ihm allmählich die erkenntnistheoretische zu entwickeln, aber es sollte noch einige Jahre dauern, bis er diesen für ihn neuen Zweig der Philosophie mit der nötigen Umsicht und Sachkenntnis behandeln konnte.

Erste Ehe

Onkel Rollo hatte im Jahre 1883 ein Haus in der Nähe von Hindhead, westlich von London, erworben. Bertrand war dort viele Jahre hindurch jeweils drei Monate zu Gast und unternahm von da aus herrliche Spaziergänge. Als er im Sommer 1889 wieder einmal bei Onkel Rollo wohnte, nahm ihn dieser an einem Sonntag auf einen Spaziergang mit. Nicht weit von Friday's Hill, vor Fernhurst, stand ein Haus, in das gerade neue Leute eingezogen waren. Als der Onkel vorschlug, sie zu besuchen, gefiel das Bertrand, schüchtern wie er war, zunächst nicht. Bei den neuen Leuten handelte es sich um eine amerikanische Familie namens Pearsall Smith. Sie bestand aus einem älteren Ehepaar, einer verheirateten Tochter und deren Ehemann sowie einer jüngeren Tochter, die über die Ferien von Bryn Mawr nach Haus gekommen war, sowie einem Sohn, der auf dem Balliol College studierte. Es war eine Quäker-Familie. Vater und Mutter waren früher Wanderprediger gewesen. Ehe er sich versah, hatte sich Bertrand in Alys, die Tochter, verliebt. Sie war fünf Jahre älter als er, studierte bereits und war, worauf Russell großen Wert legte, sehr schön.[35] Ihre schlichte Güte sowie ihr Freisein von Dünkel und Vorurteil schätzte Bertrand besonders. Sein Entschluß, ihr einen Heiratsantrag zu machen, wurde immer fester, obwohl sich Russells Familie gegen diese Verbindung stellte. In den Augen seiner Großmutter war Alys keine «Dame». Im Mai 1893 wurde Bertrand großjährig. Einen Monat später bestand er das mathematische Schlußexamen als Siebenter und wurde damit rechtlich wie wirtschaftlich unabhängig. Seine Beziehungen zu Alys wurden enger.[36]

Bei einem Aufenthalt in Friday's Hill im September 1893 ermannte sich Bertrand schließlich zu einem regelrechten Antrag, der von Alys jedoch weder angenommen noch abgelehnt wurde. Man kam überein, sich weiterhin zu sehen und miteinander zu korrespondieren, die Entscheidung aber der Zeit zu überlassen. Der Widerstand von Bertrands Angehörigen gegen diese Verbindung versteifte sich: Alys sei eine Jugendverführerin, eine unstandesgemäße Abenteurerin, eine Intrigantin, die nur Bertrands Unerfahrenheit ausnutze, eine Person ohne feinere Empfindung. Da Bertrand jedoch von seinem Vater ein Vermögen von £ 20000 geerbt hatte, scherte er sich nicht um das Gerede seiner Familie, und die Beziehungen zu ihr wurden gespannter.[37] Als die Familie Russells merkte, daß es Bertrand ernst war, griff sie zu einem etwas unfairen Mittel. Sie veranlaßten den alten Hausarzt, Bertrand klarzumachen, daß es von ihm unverantwortlich sei, Kinder in die Welt zu setzen. Man begründete das damit, daß sein Onkel William wahnsinnig sei, daß die Verlobung seiner Tante Agatha wegen ihrer Wahnvorstellungen gescheitert war und daß sein Vater an Epilepsie gelitten habe. Die Familie setzte Bertrand mit diesen Argumenten so zu, daß er selbst fast irrsinnig wurde. Da Alys auch einen verschrobenen Onkel hatte, suchte man den jungen Leuten einzureden, daß aus ihrer Ehe wahrscheinlich irrsinnige Kinder hervorgehen würden. Bertrand zeigte sich bereit, die Verlobung unter diesen Umständen aufzuheben. Alys wollte zwar heiraten, aber auf Kinder verzichten. Sie setzte ihren Standpunkt durch. Sie erklärten ihre Absicht, zwar zu heiraten, aber auf Nachkommenschaft zu verzichten.[38] Als sich später erwies, daß Alys unfruchtbar war, waren der ganze Lärm und die Angst umsonst gewesen.

Immerhin erreichte Russells Großmutter noch, daß Bertrand in eine Art Probezeit vor der Eheschließung einwilligte. Er ging für einige Monate als ehrenamtlicher Attaché an die britische Botschaft nach Paris, doch alles war ihm zuwider, die Arbeit, das Personal und die Atmosphäre.

Am 13. Dezember 1894 heiratete Bertrand seine Verlobte und setzte damit endgültig seinen Willen gegenüber der Familie durch. Alys war bis zur Eheschließung der Ansicht gewesen, Geschlechtsverkehr sei nur zum Zweck der Zeugung von Kindern erlaubt. Da sich die beiden jedoch entschlossen hatten, kinderlos zu bleiben bzw. keine Kinder bekommen konnten, mußte Alys in diesem Punkt ihre Meinung ändern, wenn sie auch kein großes Verlangen nach Verkehr hatte. Nach drei Wochen Ehe, wohl infolge geschlechtlicher Überreizung, bemerkte Russell, daß er seine junge Frau haßte, und er fragte sich, warum er sie überhaupt geheiratet hatte. Diese Stimmung dauerte aber nicht lange und kam später nicht wieder. Die erste Zeit hindurch war die Ehe sehr glücklich.

Vom Tag seiner ersten Heirat bis zum Ausbruch des Ersten Weltkriegs verging wohl kein Jahr ohne Reise nach Italien, sei es zu Fuß, sei es mit dem Rad oder einem Trampdampfer. Russell liebte vor allem die kleinen, abgelegenen Städte und die Berglandschaft des Apennin. Nach dem Ausbruch des Ersten Weltkriegs kam er erst 1949 wieder nach Italien, weil Mussolini seinerzeit jedem Italiener schwere Strafe angedroht hatte, der mit ihm reden würde.

Zu Beginn des Jahres 1902, als die Russells mit den Whiteheads im Millhouse zu Grantchester wohnten, überfiel eines Nachmittags bei einem Radausflug Bertrand auf der Landstraße der Gedanke, daß er Alys nicht mehr liebte. Bis zu diesem Zeitpunkt hatte er nicht gemerkt, daß

Joseph Conrad

seine Liebe zu ihr nachgelassen hatte. Da er einerseits kein Verlangen nach geschlechtlichen Beziehungen mehr verspürte, sich andererseits nicht verstellen wollte, entstanden schwerwiegende Probleme. Russell begann, heftig unter jener Einsamkeit zu leiden, die er im Jahr zuvor als das eigentliche Los des Menschen erkannt hatte: *Allein wanderte ich auf den Feldern um Grantchester dahin mit dem unklaren Empfinden, die grauweißen, windbewegten Weiden brächten eine Botschaft aus einem Land des Friedens. Ich las religiöse Bücher . . . in der Hoffnung, es lasse sich vielleicht etwas vom Dogma Unabhängiges in dem Trost finden, den ihre Verfasser aus ihrem Glauben ableiteten. Ich suchte Zuflucht in reiner Betrachtung; ich fing mit der Niederschrift von «Was der freie Mensch verehrt» an. Die Formung rhythmischer Prosa war das einzige, worin ich wirklich Tröstung fand.*[39]

In Grantchester machte er die unglücklichsten Augenblicke seines Lebens durch, aber noch in dieser Zeit, auf dem Gipfel des Jammers, beendete Russell die *Grundlagen der Mathematik*. Den Schlußpunkt hinter dieses Manuskript setzte er am 23. Mai 1902. Persönlicher Kummer hatte bis dahin seine Schaffenskraft nicht brechen können. Eine Zeitlang lebten Alys und Bertrand nebeneinander her.[40]

Im Herbst 1902 mieteten sie für ein halbes Jahr ein Haus am Cheyne Walk, die Sommermonate 1903 und 1904 verbrachten sie in Churt und Tilford, die Winter dieser Jahre in London, wo allerdings Russell nicht mehr zu arbeiten versuchte. Die Sommer 1903 und 1904 waren für ihn *Zeitspannen vollkommenen geistigen Stillstands*. Mit der Arbeit an den *Principia Mathematica* schien sich 1905 eine Wendung zum Besseren anzubahnen. Alys und Bertrand siedelten in die Nähe von Oxford über, aber Überarbeitung und Ausweglosigkeit des Gefühls trieben Bertrand an den Rand des Selbstmords: *Ich fragte mich damals oft, ob ich aus dem Tunnel, in dem ich zu stecken schien, jemals wieder herauskommen würde. Ich pflegte mich auf den Fußgängersteg, der bei Kennington nächst Oxford über die Bahngeleise führt, zu stellen, die Züge vorüberfahren zu sehen und mir vorzunehmen, mich am nächsten Tag unter einen von ihnen zu werfen. Doch am andern Tag stellte sich stets wieder die Hoffnung ein, die «Principia Mathematica» würden eines Tages doch vielleicht fertig werden. Außerdem wirkten die Schwierigkeiten auf mich als eine Art Herausforderung, der nicht entgegenzutreten, um sie zu überwinden, Feigheit bedeutet hätte. Ich harrte also aus, und schließlich wurde das Werk denn doch beendet, aber von der damit verbundenen Überanstrengung erholte sich mein Verstand nie mehr ganz. Ich bin seitdem bestimmt weniger fähig, mit schwierigen Abstraktionen fertig zu werden als vorher. Zum Teil, wenn auch keineswegs allein, ist dies der Grund für den Wechsel in der Art meiner Tätigkeit.*[41]

Zu dem Willen Russells, Angefangenes nicht aufzugeben, zu seiner Angst vor Feigheit, zu der Herausforderung, die er seitens der Aufgabe empfand, traten andere Menschen in sein Leben, die den Gang der Ereignisse beschleunigten. Im Oktober 1910 übersiedelten Alys und er nach Cambridge. Russell war vom Trinity College eine außerordentliche Professur für die Grundlagen der Mathematik angeboten worden. Indessen hatte er sich entschlossen, bei den Parlamentswahlen von 1910 die Liberalen zu unterstützen. Bei dieser Gelegenheit lernte er den Abgeordneten Philip Morrell und dessen Frau Lady Ottoline Cavendish Bentinck, eine Schwester des Herzogs von Portland, kennen. Während der Wahlkampagne, in der Russell fast jeden Abend in Versammlungen für Philip Morrell sprach, lernte er auch Ottoline näher kennen. Philip verlor zwar mit allen übrigen liberalen Abgeordneten der Gegend seinen Parlamentssitz, bekam aber als Ersatz einen anderen Wahlkreis. Als Russell am 19. März 1911, auf einer Vorlesungsreise nach Paris, in Lon-

Alice Pearsall Smith, Russells erste Frau

don bei Morrells Station machte, blieb er mit Ottoline am Abend allein. Nach dem Abendessen wurde die Unterhaltung vertraulicher, und Bertrand begann ihr den Hof zu machen.[42]

Sobald er von Paris zurückgekommen war, sprach Bertrand mit Alys über seine Begegnung mit Ottoline. Sie war außer sich vor Wut, bestand auf Scheidung und wollte Ottolines Namen preisgeben. Ottoline wollte jedoch wegen ihres Kindes und weil sie eine echte Zuneigung für Philip empfand, nicht geschieden werden. Nachdem Alys ein paar Stunden lang getobt hatte, gab Bertrand ihrer Nichte Unterricht in Lockescher Philosophie, die sie zu ihrem Abschlußexamen brauchte. Danach setzte er sich aufs Rad und fuhr davon. Das war das Ende seiner ersten Ehe. Er sah Alys erst im Jahre 1950 wieder.

Ottoline übte einen günstigen Einfluß auf Russell aus. Sie wirkte seinem Egozentrismus und seiner Selbstgerechtigkeit entgegen, seiner puritanischen Veranlagung und seinem Hang zur Krittelei. Für Russell öffnete sich eine neue Dimension des Lebens. Ihm schien, daß Männer Frauen und Frauen Männer brauchen, sowohl geistig wie körperlich: *Ich für meinen Teil verdanke den Frauen, die ich geliebt habe, sehr viel und wäre ohne ihren Einfluß viel engherziger geblieben.*[43]

Hatte eine Frau von außen eine Ehe gerade in dem Moment zerstört, als alles nach einem Neubeginn aussah, oder war die erste Ehe Russells von Anfang an auf Sand gebaut? Dafür spricht, daß seine erste Frau fünf Jahre älter war als er, daß sie beide unerfahren in die Ehe gingen, daß die Liebe auf den ersten Blick Russells Urteil zunächst betörte. Dafür spricht auch, daß seine Frau zur Kinderlosigkeit verurteilt war, er aber nicht auf Kinder verzichten konnte.

Als der Erste Weltkrieg ausbrach, war Russell 42 Jahre alt. Seine erste Ehe war nach sechzehn Jahren gescheitert. Die Bekanntschaft mit mehreren anderen Frauen hatte ihm keinen wirklichen, dauerhaften Ersatz für das Verlorene bieten können. Noch immer war er, der sich so innig nach Kindern sehnte, kinderlos. Eine seiner drei übermächtigen Leidenschaften, das Verlangen nach Liebe, hatte er zwar dann und wann gestillt, aber eine echte Erfüllung war ihm versagt geblieben. Obwohl Lucy Martin Donnelly nicht zu Russells intimen Bekanntschaften gehörte und auch nicht unter den Frauen aufgezählt wird, denen seine Tochter in ihrem Buch einen besonderen Platz im Leben ihres Vaters einräumt, gebührt ihr in diesem Zusammenhang unsere Aufmerksamkeit, denn sie war eine langjährige geistige Freundin des Philosophen. Russell kannte sie seit der Jahrhundertwende und traf sie während seiner Amerika-Aufenthalte in den dreißiger und vierziger Jahren immer wieder. Sie war Professorin am Bryn Mawr College in der Nähe von Philadelphia, wo auch Edith Finch, Russells vierte Frau, unterrichtete. In den Jahren von 1902 bis 1906, als seine erste Ehe in ihre tödliche Krise geriet, schrieb Russell eine Reihe Briefe an Lucy Donnelly, in denen, persönlich wie sachlich, so wichtige Dinge stehen, daß sie in einer Biographie schwerlich übergangen werden können. In einem Brief vom 23. März 1902 schreibt er über das Verhältnis von Gefühl und Verstand beim Schaffen: *Wenn man bei abstrakter Arbeit etwas Gutes zustande bringen will, dann muß man sich damit abfinden, daß das menschliche Gefühl in einem ertötet wird. Man errichtet ein Denkmal, das zugleich ein Grabmal ist, worin man sich willentlich selbst einscharrt.*[44]

Lucy Donnelly

In einem Brief vom 22. April 1906 erhalten wir Aufschluß über die letzten Motive philosophischen Schaffens: *Nach jeder ansehnlichen Leistung blicke ich darauf mit der stillen Genugtuung zurück, die man nach dem Erklimmen eines Berggipfels hat. Unbedingt lebenswichtig ist für mich die Selbstachtung, die mir aus dem Werk erfließt – wenn ich (wie öfters schon) etwas getan habe, was ich bereue; dann stellt das Werk meinen Glauben daran wieder her, daß mein Dasein meinem Nichtdasein vorzuziehen ist. Auf etwas anderes noch lege ich großen Wert: auf das Gefühl der Gemeinschaft mit einstigen und künftigen Wegbereitern. Ich führe oft imaginäre Zwiegespräche mit Leibniz, in denen ich ihm berichte, wie befruchtend sich seine Gedanken erwiesen haben und wie sehr viel schöner ihr Ergebnis ist, als er hatte voraussehen können . . . Es gibt eine «Gemeinschaft der Philosophen» wie es eine «Gemeinschaft der Heiligen» gibt, und dies bewahrt mich durchaus davor, mich einsam zu fühlen.*[45]

Europa – USA

Wie hoch auch Liebe und Erkenntnis Russell in überirdische Höhen emporhoben, stets brachte ihn sein *unerträgliches Mitgefühl für die Leiden der Menschheit* wieder zur Erde zurück. Sein erstes Buch *Die deutsche Sozialdemokratie* (1896), das war gewiß kein Zufall, befaßte sich mit einem politischen Problem. In den letzten Jahren seines Lebens kehrte er wieder zur politischen Problematik zurück. Die politischen Publikationen und Aktivitäten überwiegen eindeutig. Zum Themenkreis dieses Kapitels, das sich mit der politischen Theorie und Praxis des frühen Russell befaßt, gehört einmal seine Entscheidung für die Theorie, sodann gehören seine Reisen in europäische Länder und die USA dazu, seine politischen Aktivitäten, seine Urteile über Amerikaner, Deutsche, Juden usw. sowie einige seiner in- und ausländischen Bekanntschaften.

Die 1884 gegründete Vereinigung der Fabier hatte sich den römischen Feldherrn Quintus Fabius Maximus Cunctator zum Vorbild genommen, weil er mehr den Gesetzen des Verstandes als denen der Gewalt folgte und durch sein Zaudern schließlich den Sieg errungen hatte. Die führenden Mitglieder dieser Bewegung waren Sidney und Beatrice Webb. Mit ihnen war Russell einige Jahre lang befreundet, ja, er wohnte zeitweise mit ihnen zusammen. Er hatte sie im Haus seiner Schwiegereltern kennengelernt. Neben den Webbs gehörten auch Bernard Shaw und Graham Wallas zu dieser Vereinigung. Nach Russell trugen die Webbs ihr Teil dazu bei, dem englischen Sozialismus ein intellektuelles Rückgrat zu geben. Zuerst arbeiteten sie mit den Konservativen zusammen, als diese aber 1906 gestürzt wurden, mit den Liberalen. Später fühlten sie sich mehr zur Labour Party hingezogen, der sie sich dann auch anschlossen. Nach Auffassung der Webbs bestand die Aufgabe des Staatsmanns darin, die Massen zu beschwindeln oder einzuschüchtern. Russells Bewunderung galt weniger Sidney Webb, der ein zweitrangiger, humorloser Regierungsbeamter war, als seiner Frau, die in unbedingter Lauterkeit nur für gemeinnützige Ziele lebte, von denen sie sich durch persönlichen Ehrgeiz nicht abbringen ließ. Ihre Staatsvergötzung machte jedoch Russell nicht mit. Sie führte die Webbs und Bernard Shaw zu einer unverständlichen Duldsamkeit gegenüber Hitler und Mussolini sowie zu einer unsinnigen Lobhudelei für das Sowjetregime. Russell sah,

Gottfried Wilhelm von Leibniz

daß viele Zustände der Gesellschaft verbesserungsbedürftig waren, aber er gehörte nicht zu den Weltverbesserern aus Weltunkenntnis. Ehe er sich über die politischen und sozialen Verhältnisse eines Landes äußerte, studierte er sie gründlich an Ort und Stelle. So besuchte er 1895 mit seiner Frau zweimal Berlin. Während seines ersten Aufenthalts lernte er zwar auch schon die Sozialdemokraten kennen, aber ein anderes Erlebnis stand mehr im Vordergrund:

Ich entschloß mich, keinen bestimmten Beruf zu ergreifen, sondern mich der Schriftstellerei zu widmen. Ich entsinne mich eines kalten hellen Vorfrühlingstags, an dem ich im Tiergarten allein spazierenging und Pläne für meine künftige Arbeit machte. Ich gedachte, eine Reihe von Büchern über die Philosophie der einzelnen Wissenschaften, von der reinen Mathematik bis zur Physiologie, sowie eine weitere Reihe über soziale Fragen zu schreiben. Ich gab mich der Hoffnung hin, die beiden Reihen würden dann zu einer zugleich wissenschaftlichen und praktischen Synthese verschmelzen. Der Plan war weitgehend von Hegelschen Ideen beeinflußt. Nichtsdestoweniger habe ich ihn in späteren Jahren bis zu einem gewissen Ausmaß befolgt, jedenfalls so weit, wie es erwartet werden

40

konnte. Es war dies ein bedeutsamer, formbildender Augenblick für meine Vorsätze.[46]

Politisch bedeutsamer wurde der zweite Besuch in Berlin. Russell war dorthin gefahren, um Studien über die deutsche Sozialdemokratie zu machen, und kam daher auch fast ausschließlich mit Sozialisten zusammen. Er lernte unter anderen Bebel und den älteren Liebknecht kennen. In jener Zeit waren die Sozialdemokraten glühende Revolutionäre, und es war einfach nicht abzusehen, wie sie sich verhalten würden, wenn sie einmal an die Macht kämen. Russell sah die Chance der Sozialisten in Öffnung, Aufnahmefähigkeit und Kooperationsbereitschaft, nicht in ihrer Ideologiehörigkeit. Er lehnte auch einen Sozialismus ab, der sich nur an materiellen Werten orientiert: *Es genügt nicht, daß Männer und Frauen materiell zufriedengestellt werden. Heute tragen viele Mitglieder der wohlhabenden Klassen nichts Sinnvolles zum Leben der Gesellschaft bei, obwohl sie dazu Gelegenheit haben; sie schaffen es nicht einmal, sich selbst ein wenig Glück zu sichern, das wert wäre, so genannt zu werden. Diesen Zustand zu vervielfachen, wäre eine Errungenschaft von sehr geringem Wert; und wenn der Sozialismus nur allen die Lebensweise bescheren soll, deren sich gegenwärtig die apathischeren der Wohlhabenden erfreuen, darf er auf unsere Zustimmung nicht hoffen.*[47]

Von Russells kurzer diplomatischer Laufbahn als Attaché in Paris im Herbst 1894 war schon die Rede. Seine Verwandten hatten im August Lord Dufferin, seinerzeit britischer Botschafter in Paris, überredet, Bertrand einen ehrenamtlichen Posten als Attaché anzubieten, um ihn von Alys zu trennen. Er hatte nur unter der Bedingung eingewilligt, daß die Familie ihren Widerstand gegen eine Verbindung mit Alys aufgebe, falls seine Gefühle ihr gegenüber die gleichen blieben. Das Seltsame war nur: während er schwer unter seiner Trennung von Alys litt, hatte sie viel weniger gegen eine diplomatische Laufbahn ihres künftigen Gatten, denn die große Welt lockte sie mehr als Bertrand. Unversehens sah sich Russell zwischen zwei Fronten. Zum einen mußte er gegen den Widerstand seiner Verwandten kämpfen, zum anderen gegen die Neigung seiner Verlobten zur großen Welt. In mehreren Briefen beschwor er Alys, seine Entscheidung zugunsten der Theorie zu akzeptieren: *Ich habe auch Angst vor der großen Welt und ihrem Stil, weil sie sehr schlecht für mich sind, zumal wenn ich mich ihrem Genuß hingebe; und ich habe auch sehr große Angst, daß eine solche Karriere, wenn man sie einmal eingeschlagen hat, sehr schwer wieder aufzugeben wäre.*[48]

In einem Brief vom 3. September 1894, einem äußerst wichtigen Dokument für die innere Entwicklung Russells, beschwört er gleichsam seine Verlobte, ihn nicht auf den Weg der diplomatischen Karriere zu drängen: *Wir beide sind auch in Gefahr, uns durch billige Erfolge berauschen zu lassen, was der schlimmste Fluch auf Erden ist. Wenn ich diese Jahre vergeude, die so gut wie ausschließlich theoretischer Arbeit und*

George Bernard Shaw

Erwerbung von Erkenntnis durch das Denken (was zu kaum einer anderen Zeit als in der Jugend möglich ist) gewidmet sein müßten, dann wird mir mein Gewissen zeit meines ganzen künftigen Lebens Vorwürfe machen. Ein für allemal also: G. A. (Gott der Allmächtige) *hat mich zum Theoretiker geschaffen, nicht zu einem Praktiker.*[49]

Vielleicht war es gerade diese doppelte Frontstellung gegen Familie und Verlobte, die Russell zu einer klaren und unwiderruflichen Entscheidung zwang. Das Setzen dieser Priorität schloß jedoch nicht aus, daß er sich in der großen Welt, allein und mit seiner Frau, umsah, daß er sich für politische und soziale Probleme interessierte und sich nicht nur theoretisch mit politischen Fragen befaßte, sondern auch praktisch am öffentlichen Leben teilnahm.

Zunächst fuhr er mit Alys im Herbst 1896 nach Amerika, vor allem, wie schon gesagt, um Alys' Familie kennenzulernen. Aufschlußreich ist unter anderem sein kurzes, gelungenes Porträt der Quäker von Philadelphia: *Von den alten Familien der Quäker von Philadelphia hatte ich den Eindruck, daß sie den ganzen Niedergang einer kleinen Aristokratie aufwiesen. Uralte Geizkragen von neunzig Jahren hockten stumpfsinnig auf ihren Geldsäcken, während ihre sechzig-, ja siebzigjährigen Kinder mit so viel Geduld, wie sie aufbringen konnten, auf den Tod der Greise warteten. Geisteskrankheiten aller Art waren an der Tagesordnung. Die-*

jenigen, die man als körperlich gesund gelten lassen mußte, waren meist ganz blöd und ungebildet.[50]

Zuweilen zeigte sich Russell, neben seinen wissenschaftlichen Arbeiten, sogar von politischer Leidenschaft besessen. Nicht selten fühlte er mit den Verlierern, so im Frühjahr 1901, als er proburisch wurde. Im Herbst 1899, als der Burenkrieg ausbrach, war er ein imperialistisch gesinnter Liberaler, dem die britischen Niederlagen große Sorgen bereiteten. Er konnte an nichts anderes mehr denken als an Kriegsnachrichten, machte fast jeden Nachmittag einen Fußmarsch von vier Meilen, um eine Abendzeitung zu kaufen, wandte dann aber, als die Buren Niederlagen erlitten, ihnen seine Sympathie zu.

In einem Brief vom 13. November 1896 an den bereits erwähnten Fabier Graham Wallas nimmt er zur Korruption in Amerika Stellung. Nach ihm ist der Weg von schlechter Metaphysik zu politischer Korruption kurz. Die Amerikaner erscheinen ihm zu fatalistisch, um etwas dagegen zu tun:

Die Amerikaner sind unsagbar faul in allem, was nicht ihr Geschäft be-

Beatrice und Sidney Webb

WHY DIDN'T MR. CHAPLIN

MIND THE BABY ?

when he was President of the Local Government Board from 1895 to 1900.

Overcrowding and Bad Sanitary Conditions caused the

Unnecessary Sacrifice

of

40,000 Infant Lives Every Year!

What did he do for the Protection of Children and the Reduction of Infant Mortality?

If Women had Parliamentary Votes

they would try to alter the

Bad Land Laws

which cause these bad housing conditions and result in such wicked waste of life.

But Mr. Chaplin wants to make the Baby's Food and Clothing Dearer,

and this will only

MAKE MATTERS WORSE.

Therefore

VOTE for RUSSELL

and

And Give Women Votes to Protect the Children.

Printed and Published by A. E. Holmes (T.U.), 110, Haydon's Road, Wimbledon.

trifft; um ihre Faulheit zu verdecken, erfinden sie einen Zweckpessimis-
mus und behaupten, die Sachlage sei nicht zu ändern, eine Besserung sei
nicht möglich . . . Einer von ihnen, der sich auf seine Tugend etwas zugu-
te tat, sagte mir offen, er habe gefunden, daß er im Geschäft mehr Geld
verdienen könne, als er an Gemeindesteuern spare, wenn er die Korruption bekämpfe . . . Dennoch scheint alles ziemlich rasch besser zu werden, wenn auch die faulen, heuchlerischen Puritaner nichts so wütend
macht, als wenn man das äußert. Sie sind geradezu stolz darauf, der kor-
rupteste Landesteil der Union zu sein . . . Alles in allem sehe ich nicht,
daß sie es besser verdienen, als sie es bekommen haben. Die Quäker und

Puritaner sind, soweit sie mir bekannt geworden sind, die größten Lügner und Heuchler, die ich erlebt habe, und in der Regel jeglicher Tatkraft bar.[51]

In dieser Darlegung kommt etwas zum Ausdruck, was für Russells politische Theoriebildung typisch war. Er hütete sich vor Verallgemeinerungen und blieb sich durchweg der Begrenztheit seiner Erfahrungen bewußt. Neben der nüchternen, zeitraubenden analytischen Methode politischer Meinungsbildung finden sich aber auch bei ihm Augenblicke der mystischen Erleuchtung. Von einem solchen Fall berichtet er im Hinblick auf seinen erwähnten Meinungswechsel gegenüber den Buren. Russell nahm einmal den dreijährigen Knaben Whiteheads bei der Hand und ging mit ihm aus dem Haus, damit er seine schwerkranke Mutter nicht stören solle. Der Kleine ging vertrauensvoll mit, und von diesem Tag bis zu seinem Tod im Ersten Weltkrieg blieben sie eng befreundet:

Thomas Stearns Eliot

**NORTH EAST SURREY (OR WIMBLEDON) DIVISION
PARLIAMENTARY BYE ELECTION**

Photo by the London Stereoscopic & Photographic Co. Ltd.
Regent Street, London W.

yours faithfully

Bertrand Russell

Bertrand Russell, 1907

Nach diesen fünf Minuten war ich ein vollkommen veränderter Mensch geworden. Etwas wie eine mystische Erleuchtung hielt mich eine Zeitlang in Bann. Mir war, als kenne ich die innersten Gedanken eines jeden Menschen, der mir auf der Straße begegnete, und wenn das zweifellos eine Selbsttäuschung war, so empfand ich mich doch tatsächlich all meinen Freunden und vielen meiner Bekannten weit näher als bisher. Ich war Imperialist gewesen bisher; binnen fünf Minuten wurde ich nun Burenanhänger und Pazifist. Nachdem ich jahrelang für nichts Sinn gehabt hatte als für exakte Wissenschaft und Analyse, war ich jetzt auf einmal erfüllt von halbmystischen Gefühlen über Schönheit, einem heftigen Interesse für Kinder, von einem Verlangen, fast so tief wie das des Buddha, eine Weltanschauung zu finden, die das menschliche Leben erträglich machen würde.[52]

Im Rückblick auf die Jahre 1902 bis 1910, in denen Russell an seinen *Principia Mathematica* arbeitete und dabei theoretische Schwerstarbeit leistete, berichtet er von einem starken Interesse an politischen Fragen in den Wintermonaten. Das Russell beherrschende Grundmotiv politischer Theorie und Praxis, sei es im Gewand analytischen Denkens, sei es in der Form mystischer Erfahrung, war, mehr oder weniger verdeckt, sein Mitgefühl mit den Leiden der Menschheit, seine Friedensliebe, sein Sinn für soziale Gerechtigkeit, sein Aufbegehren gegen Klassenvorurteile und Korruption. Seine nonkonformistische Grundeinstellung brachte ihn meistens in Gegensatz zu herrschenden politischen Anschauungen und Tendenzen.

1907 kandidierte er sogar im Interesse des Frauenstimmrechts bei einer Nachwahl zum Unterhaus. Die Wahlkampagne in Wimbledon war zwar kurz, aber anstrengend. Die Opposition gegen die Gleichberechtigung der Frau war größer als die gegen den Ersten Weltkrieg. Die Bevölkerung nahm die Frauenfrage gar nicht ernst. Russell und seine Frau wurden mit faulen Eiern beworfen. In einer Versammlung ließ man Ratten los, um die anwesenden Frauen zu erschrecken. Bestellte Damen schrien auf, um ihr eigenes Geschlecht zu blamieren.

Auf seiner bereits erwähnten Vorlesungsreise 1914 in die Vereinigten Staaten lernte Russell auch T. S. Eliot kennen: *Ich wußte nicht, daß er Lyriker war. Er hatte damals wohl bereits «A Portrait of a Lady» und «Prufrock» geschrieben; er schien es jedoch nicht für angebracht zu halten, das zu erwähnen. Er verhielt sich außerordentlich schweigsam; nur einmal machte er eine Bemerkung, die mir auffiel. Ich rühmte Heraklit, da äußerte Eliot: «Ja, er erinnert mich immer an Villon.» Ich fand diese Bemerkung so ausgezeichnet, daß ich stets wünschte, er gebe mehr dergleichen von sich.*[53]

Principia Mathematica

Russells Verlangen nach einer tiefen, erfüllenden Liebe im persönlichen Bereich wurde, wie wir sahen, nicht erfüllt. Seine aus dem Mitgefühl für die Leiden der Menschheit geborenen Versuche, den Mitmenschen durch die Tat zu helfen, waren ebenfalls gescheitert. Die kurze diplomatische Karriere in Paris verlief im Sande, bei der Wahl in Wimbledon mußte er eine Niederlage hinnehmen. Seine Ehe bestand zwar juristisch noch bis 1921 fort, aber 1911 hatte er sich von seiner Frau bereits getrennt, und schon 1902 hatte er gemerkt, daß er sie nicht mehr liebte. Einen echten Ersatz für das verlorene Eheglück vermochte er nicht zu finden. So bleibt von den drei großen Leidenschaften, die Russells Leben von Anfang bis zu Ende beherrschten, nur die dritte: der Drang nach Erkenntnis. Er fand in der Vollendung eines monumentalen Werkes, den *Principia Mathematica*, eine großartige Erfüllung. Die während seiner Verlobungszeit getroffene Entscheidung zugunsten der Theorie erwies sich als richtig. Auf seine frühesten mathematischen Schriften über die Grundlagen der Geometrie (1897) und über die Beziehungen von Zahl und Quantität in der Zeitschrift «Mind» (1897) brauchen wir hier nicht weiter einzugehen. Russell selbst hielt sie für völlig unbedeutend.[54] Anders verhält es sich schon mit den 1903 erschienenen *Prinzipien der Mathematik*. Dieses über fünfhundert Seiten umfassende Buch war nach seiner Begegnung mit dem italienischen Logiker Giuseppe Peano entstanden. Russell hatte ihn im Juli 1900 auf dem internationalen Philosophenkongreß in Paris kennengelernt. Der Kongreß bedeutete einen Wendepunkt in seinem intellektuellen Leben. Er beobachtete, wie Peano in jedem Meinungsstreit unweigerlich die Oberhand behielt, und führte das auf seine überlegene logische Technik zurück. Er beschaffte sich alle Werke von Peano und begann sofort nach dem Kongreß zu Hause in Fernhurst damit, die Arbeiten Peanos und seiner Schüler sorgfältig zu studieren. Er fand in ihrem Zahlensystem ein Instrument für logische Analyse, wie er es seit langem gesucht hatte. Im September dehnte er Peanos Methoden auf die Logik der Beziehungen aus. Abends diskutierte er mit Whiteheads, die bei ihm in Fernhurst wohnten.

Die Diskussion endete jeden Abend mit einer Schwierigkeit, und jeden Morgen fand ich, daß sich die Schwierigkeit vom vorigen Abend sozusa-

Giuseppe Peano

gen im Schlaf gelöst hatte. Es war eine Zeit intellektueller Berauschtheit. Meine Empfindungen ähnelten denen, die einen überkommen, wenn man im Nebel einen Berg erklettert, bei Erreichung des Gipfels den Nebel plötzlich weichen und das Land auf fünfzig Kilometer im Umkreis klar vor sich liegen sieht. Jahrelang war es mein Bestreben gewesen, die Grundbegriffe der Mathematik wie Grund- und Ordnungszahlen zu analysieren. Auf einmal nun, im Zeitraum von ein paar Wochen, entdeckte ich die anscheinend endgültigen Antworten auf die Fragen, die mich jahrelang genasführt hatten. Und im Verlauf der Entdeckung dieser Antworten stellte ich eine neue mathematische Technik auf, durch die Gebiete, die bisher der Verschwommenheit von Philosophen überlassen geblieben waren, für die Schärfe genauester Formulierung gewonnen wurden. Intellektuell war der September 1900 der Höhepunkt meines Lebens.[55]

Anfang Oktober machte sich Russell daran, die *Prinzipien der Mathematik* niederzuschreiben. Die endgültige Fassung lag dann im Mai 1902 vor. In den Monaten Oktober, November und Dezember schrieb er jeden Tag zehn Seiten. Das Manuskript war am letzten Tag des Jahrhunderts beendet. Das Ende des Jahrhunderts bezeichnete indessen auch das Ende jenes Triumphgefühls. Verstandes- und Gefühlsprobleme bestürmten Russell und stürzten ihn kurz darauf in die düsterste Verzweiflung, die er je erlebte. Wir haben in unseren Darlegungen über seine

49

erste Ehe schon darüber berichtet. Wie Platon an die Realität der Ideen glaubte, glaubte Russell in diesem Werk an die Realität der Zahlen. Später gab er diesen Glauben auf. Seine Grundthese von der Identität der Mathematik und Logik behielt er jedoch bei. Um sie zu fundieren, mußte er aber die Logik neu begründen. Mit seinem Lehrer Whitehead zusammen leistete er diese Arbeit, die in den *Principia Mathematica* ihren Niederschlag fand. Der erste Band erschien 1910, der zweite 1912, der dritte 1913. Noch waren die *Prinzipien der Mathematik* nicht erschienen, als Russell und Whitehead auf ernsthafte logische Schwierigkeiten stießen, die Russell dann 1906 durch seine Typentheorie zu beseitigen suchte. Hatte ihn im Februar 1901 das Bewußtsein der Einsamkeit einer jeden Menschenseele übermannt, erlitt er im Mai einen ähnlichen intellektuellen Rückschlag, der ihn nicht weniger schmerzte als der emotionelle vom Februar. Im Anschluß an Cantors Beweis, daß es keine größte Zahl gibt, führte die Analyse Russell zu ähnlichen Widersprüchen wie beim berühmten «Kreterschluß» des Epimenides. Im Herbst begab er sich wieder nach Cambridge, wo er für zwei Semester Vorlesungen über mathematische Logik halten sollte. Diese Vorlesungen enthielten die Umrisse der *Principia Mathematica*, gaben aber noch keine Verfahren zur Beseitigung der Widersprüche an. Andere, schon erwähnte seelische Probleme führten zu vollkommenem geistigem Stillstand. Manchmal glaubte er, daß der Rest seines Lebens mit dem Starren auf leere Papierbögen ausgefüllt sein würde. Kurz nach Einzug in Bagley Wood in der Nähe von Oxford im Frühjahr 1905 entdeckte Russell dann seine Theorie der Beschreibung, 1906 seine Typentheorie. Die Widersprüche lösten sich, es blieb fast nur noch die Aufgabe, das Buch zu schreiben. Da Whitehead wegen seiner Lehrtätigkeit zu wenig Zeit dafür hatte, arbeitete Russell in den Jahren 1907 bis 1910 etwa acht Monate lang zehn bis zwölf Stunden täglich am Manuskript. Oft, wenn er nicht daheim war, befiel ihn Angst, das Haus könne in Flammen aufgehen und das Manuskript sei verloren. Die University Press glaubte an ein Defizit des Buches von £ 600, das die Finanzberater zur Hälfte decken wollten. Die Royal Society trug £ 200 bei, die restlichen £ 100 zahlten die Autoren selbst: Ein trauriges Beispiel für die Unterbezahlung geistiger Arbeit in unserem Jahrhundert. Zu dem finanziellen Verlust kam, worüber wir schon in anderem Zusammenhang sprachen, für Russell ein dauernder geistiger Schaden. Bei seinen logischen Arbeiten an den *Principia Mathematica* stieß Russell auch auf das Problem der Bezeichnung. In einem Artikel *Über Kennzeichnung* («Mind», 1905) legte er die Grundlage für seine Theorie der Beschreibung. 1911 erschien in den «Abhandlungen der Aristotelischen Gesellschaft» ein Aufsatz, in dem er zwischen Erkenntnis durch Bekanntschaft und Erkenntnis durch Beschreibung unterschied. Im gleichen Jahr erörterte er in seiner Antrittsrede vor der Aristotelischen Gesellschaft das Verhältnis von Einzeldingen und allge-

Alfred North Whitehead

meinen Ideen. Gleichfalls in den oben genannten Abhandlungen erschien 1913 sein Artikel *Über die Bedeutung des Grundes*. Die geistigen Voraussetzungen für diese Arbeiten wie für die *Principia Mathematica* waren eng mit der Abkehr von Kant und Hegel verbunden, zu der sich Russell und Moore 1898 durchrangen. Bahnbrechend in dieser Entwicklung war Moores Artikel über «Die Natur des Urteils». Der Weg, den Russell dabei einschlug, führte ihn vom Idealismus zum Realismus, vom Rationalismus zum Empirismus, vom Absoluten zum Pluralismus, von der Begriffsphilosophie zur mathematischen Logik. Im Gegensatz zu Kant und den deutschen Idealisten blieben Platon und Leibniz längere Zeit Weggenossen Russells.

Wenden wir uns nun von der Entstehungsgeschichte der *Principia Mathematica* dem Werk selbst zu! In der Einleitung des ersten Bandes werden Grundbegriffe geklärt, wie Variable, Propositionen, Behauptungen und Folgerungen, Definitionen, Implikationen, Identität, Klassenkalkül, Beschreibungen, Typentheorie, Wahrheit und Falschheit, Matrizen, Reduzibilitäts-Axiom, Widersprüche, Zirkelschlüsse. Im ersten Teil des ersten Bandes befaßt sich Russell mit der mathematischen Logik, der Theorie der Deduktion, Variablen-Theorie, Klassen und Relationen, Logik der Relationen, Produkten und Summen von Klassen, im zweiten Teil mit der Arithmetik der Kardinalzahlen. Erst auf Seite 347 des 674 Seiten umfassenden Buches wird die Kardinalzahl 1 definiert. Der zweite Band, der 742 Seiten enthält, befaßt sich in Teil 3 mit der Arithmetik der Kardinalzahlen, in Teil 4 mit der Relationen-Arithmetik, in Teil 5 mit den Serien. Der dritte, 491 Seiten umfassende Band, enthält in Teil 5 weiteres über die Serien, in Teil 6 Ausführungen zur Quantität. Ein vierter Band, der die Geometrie behandeln sollte, kam nicht mehr zustande. Die *Principia Mathematica* erörtern sowohl philo-

Platon

Immanuel Kant. Zeichnung von Schnorr v. Carolsfeld

sophische als auch mathematische Probleme; die philosophischen bear-
beitete Russell, die mathematischen vorwiegend Whitehead, der auch
die Bezeichnungen erfand, soweit sie nicht von Peano übernommen
wurden. Das Hauptziel der *Principia Mathematica* war der Nachweis,
daß alle reine Mathematik aus rein logischen Voraussetzungen folgt und
nur solche Begriffe verwendet, die logisch definierbar sind. Russell hatte, wie gesagt, seine Konzeption der Logik und Mathematik im Gegensatz zu Kant entwickelt. Im Endeffekt gestand der Analytiker Russell
jedoch nicht nur der Mathematik a priorisch-synthetische Begrifflichkeit
zu, sondern sogar der Logik, bevor er am Ende zu dem Schluß kam, daß
die Mathematik lediglich eine Kunst sei, die Trivialität der Welt in ihrer
Weise auszudrücken.[56] Ganz so pessimistisch sind die in den *Principia
Mathematica* erörterten Wissenschaften Logik und Mathematik wohl
doch nicht zu beurteilen. Russells Anliegen, als er anfing, sich mit Ma-

Lady Ottoline Morrell

thematik und Logik zu befassen, war die Gewinnung von Gewißheitskriterien der menschlichen Erkenntnis. Gibt es irgendwelche sichere Erkenntnis? Was kann der Mensch überhaupt gewiß erkennen? Das waren die Grundprobleme des jungen Mathematikers und Logikers. Zwar haben die *Principia Mathematica* weder eine Revolution der Mathematik noch eine solche der Logik hervorgerufen, zwar haben sie die Kantsche Position in Fragen der Mathematik eher bestätigt als erschüttert, aber sie haben auch in einem monumentalen Denkansatz den Problemzusammenhang dieses Wissensgebietes erschlossen und dargestellt. Vielleicht ist Russell bei seinem Versuch, im Prinzip die mathematische auf die logische Begrifflichkeit zurückzuführen, dem deutschen Idealismus, den er zu bekämpfen suchte, mehr verfallen, als er merkte. Aber das alles ändert nichts an seiner großartigen Denkleistung, die für mehr als ein halbes Jahrhundert richtungweisend blieb.[57]

Beenden wir diese Übersicht über die *Principia Mathematica* mit den fünf mathematischen Axiomen von Peano und den fünf logischen Axiomen von Russell!

1. Null ist eine Zahl.
2. Der Nachfolger irgendeiner Zahl ist eine Zahl.
3. Es gibt nicht zwei Zahlen mit demselben Nachfolger.
4. Null ist nicht der Nachfolger irgendeiner Zahl.
5. Jede Eigenschaft der Null, die auch der Nachfolger jeder Zahl mit dieser Eigenschaft besitzt, kommt allen Zahlen zu.

Die fünf Russellschen Axiome lauten:

1. Wenn p oder p wahr ist, ist p wahr.
   $(p \lor p) > p$.
2. Wenn q wahr ist, dann ist p oder q wahr.
   $q > (p \lor q)$.
3. Wenn p oder q wahr ist, dann ist q oder p wahr.
   $(p \lor q) > (q \lor p)$.
4. Wenn entweder p oder ‹q oder r› wahr ist, dann ist entweder q wahr oder ‹p oder r›.
   $[p \lor (q \lor r)] > [q \lor (p \lor r)]$.
5. Wenn das q das r impliziert, dann impliziert ‹p oder q› auch ‹p oder r›.
   $(q \lor r) > [(p \lor q) > (p \lor r)]$.

Der Erste Weltkrieg

Die Jahre von 1910 bis 1914 waren eine Zeit des Übergangs. Zwischen meinem Leben vor 1910 und meinem Leben nach 1914 gab es eine so scharfe Trennung wie in dem Leben Fausts vor und nach seiner Begegnung mit Mephisto. Ich machte einen Verjüngungsprozeß durch, der von Ottoline Morrell bewirkt und durch den Krieg weitergeführt wurde. Es mag seltsam erscheinen, daß der Krieg verjüngen kann, aber tatsächlich rüttelte er mich aus meinen Vorurteilen wach und ließ mich eine Reihe von grundlegenden Fragen neu überdenken. Er brachte mir außerdem eine neue Art von Aktivität, bei der ich nicht jene Schalheit empfand, die mich jedesmal überkam, wenn ich zur mathematischen Logik zurückzukehren versuchte. Ich habe mir daher angewöhnt, in mir einen nicht übernatürlichen Faust zu sehen, für den der Weltkrieg Mephisto war.[58]

Von den drei Grundkräften, die Russell als für sein Leben bestimmend ansah, dem Verlangen nach Liebe, dem Mitgefühl mit den Leiden der Menschheit und dem Drang nach Erkenntnis, trat also in den Jahren 1910 bis 1914 letztere ein wenig zurück. Da seine Ehe zwar noch nicht geschieden war, er mit seiner Frau aber nicht mehr zusammen lebte, das Verhältnis zu Ottoline Morrell in diesen Jahren an Bedeutung verlor und andere Liebesbeziehungen keinen grundlegenden Wandel in seinem Leben hervorriefen, dürfte das Mitgefühl mit den Leiden der Menschheit während des Ersten Weltkriegs in seinem Gefühlsleben das beherrschende Gefühl gewesen sein.

Der Krieg von 1914–18 änderte alles für mich. Ich hörte auf, theoretisch zu sein, und begann, eine neue Art von Büchern zu schreiben. Ich änderte meine Ansichten über die menschliche Natur. Ich war zum erstenmal zutiefst davon überzeugt, daß der Puritanismus das menschliche Glück nicht fördere. Das Schauspiel des Todes erweckte in mir eine neue Liebe zum Lebendigen. Ich gelangte zur Überzeugung, daß die meisten Menschen zutiefst unglücklich sind und sich in destruktiven Wutanfällen Luft machen und daß das Sein nur durch Verbreitung instinktiver Freude glücklicher werden könne. Ich sah, daß die Grausamkeiten unserer Welt Reformer und Reaktionäre gleichermaßen irregeleitet hatten. Ich wurde allem gegenüber mißtrauisch, was strenge Disziplin forderte. Da ich das Endziel der anderen ablehnte und alle Alltagstugenden auf die Abschlachtung der

Deutschen gerichtet sah, fiel es mir schwer, nicht ein völliger Antinomist zu werden. Aber das tiefe Mitleid, das ich mit allen Leiden der Welt empfand, rettete mich davor. Ich verlor alte Freunde und erwarb mir neue.[59]

Wir werden es also im folgenden vor allem mit Russells Versuchen zu tun haben, in Theorie und Praxis für den Frieden zu kämpfen. Wie das erste Selbstzeugnis zeigt, spielen dabei die persönlichen Beziehungen eine wesentliche Rolle, so daß wir uns damit an zweiter Stelle befassen wollen. An dritter Stelle folgen dann die philosophischen Veröffentlichungen. In den späten, heißen Julitagen des Jahres 1914 hielt sich Russell in Cambridge auf. Er wollte und konnte nicht glauben, daß sich Europa den Wahnsinn eines Krieges leisten würde. Am Montag, dem 3. August fuhr er morgens nach London. Er traf dort Ottoline Morrell und ihren Mann Philip. Dieser hielt im Unterhaus eine pazifistische Rede. Was Russell einfach nicht fassen konnte war die Tatsache, daß der Durchschnittsbürger den Ausbruch des Krieges begrüßte. Die Öffentlichkeit nahm Sir Edward Greys Lügen nicht übel, sondern freute sich, daß er ihr die moralische Verantwortung abnahm. Zu allem übrigen mußte Russell es erleben, daß einige seiner besten Freunde, zum Beispiel die Whiteheads, sich ebenfalls für den Krieg begeisterten. Als er sah, daß etwa neunzig Prozent der Bevölkerung der Kriegshysterie verfallen war, glaubte er, seine Ansichten über die menschliche Natur ändern zu müssen. Hatte er außerdem angenommen, daß Intellektuelle die Wahrheit lieben, mußte er nun erkennen, daß nicht mehr als zehn Prozent von ihnen der Wahrheit den Vorzug vor der Popularität gaben.

Verzweifelte Zärtlichkeit für alle die jungen Männer, die abgeschlachtet werden sollten, und Wut gegen alle Staatsmänner Europas überkam mich. Mehrere Wochen lang fühlte ich, daß es mir bei einem zufälligen Zusammentreffen mit Asquith oder Grey schwerfallen würde, sie nicht umzubringen.[60]

Die deutschen Erfolge vor der Marne-Schlacht versetzten Russell in einen eigenartigen Konflikt. Während er nichts mehr als den Krieg haßte, wünschte er nun doch die Niederlage Deutschlands. Der Patriotismus regte sich. Die Liebe zu England war fast das stärkste Gefühl in ihm. Stärker als sein zeitweiliger Skeptizismus, sein Zynismus oder seine Gleichgültigkeit war bei Kriegsausbruch das Gefühl der Verantwortung, die er für die Menschheit trug. Ihm war, als höre er eine Stimme Gottes, die ihm auftrug zu protestieren, wie vergeblich der Protest auch sein würde. Er widmete sich ganz dieser Aufgabe. Ihn, der die Wahrheit suchte, ekelte die nationale Propaganda der Krieg führenden Nationen an, ihn, der die Kultur verehrte, erschreckte die allgemeine Rückkehr zur Barbarei, ihn, den Mann mit verhinderten Vatergefühlen, schmerzte das Massaker der Jugend.

Nachdem ich Truppenzüge von Waterloo Station hatte abfahren sehen, hatte ich merkwürdige Visionen von London als einem irrealen Ort. In meiner Einbildung stürzten die Brücken ein und versanken, und die ganze großen Stadt löste sich auf wie Morgennebel. Ihre Bewohner kamen mir vor wie Gespenster, und ich fragte mich oft, ob nicht die Welt, in der ich zu leben geglaubt hatte, nur das Ergebnis meiner eigenen fiebrigen Alpträume sei.[61]

Gespräche mit dem amerikanischen Philosophen Santayana, der damals in Cambridge lehrte, trösteten ihn ein wenig. Dieser machte sich weniger Sorgen um den Untergang der Menschheit. Im Oktober 1914 mußte Russell seine Vorlesungen über mathematische Logik wieder aufnehmen, was ihm jedoch nicht besonders sinnvoll erschien. Mit gleichgesinnten Pazifisten organisierte er eine Sektion der «Union of Democratic Control».

Jede Weihnachten während des Ersten Weltkriegs hatte ich einen Anfall tiefster Verzweiflung, solch völliger Verzweiflung, daß ich nichts anderes tun konnte, als untätig in meinem Stuhl zu sitzen und mich zu fragen, ob die Menschheit zu irgend etwas gut sei.[62]

Im Oktober 1914 traf er T. S. Eliot, der aus Berlin nach England gekommen war. Er war kein Pazifist, aber Russell schloß mit ihm enge Freundschaft und auch mit dessen Frau. Da die Eliots sehr arm waren, gab ihnen Russell ein Wohnzimmer ab und unterstützte sie auch finanziell. In diesen Jahren verband ihn auch eine kurze, wenn auch hektische Freundschaft mit dem Schriftsteller D. H. Lawrence (1885–1930), dem Autor der «Lady Chatterley», einem Buch, das erst 1960 ungekürzt in England erschien. Ottoline hatte sie miteinander bekannt gemacht. Auch Lawrence war ein leidenschaftlicher Pazifist. Was Russell zunächst an Lawrence anzog war dessen Energie und Leidenschaft der Gefühle. Allmählich aber glaubte er, in Lawrence eine Kraft des Bösen zu entdecken. Lawrence warf ihm vor, auf indirekte, verlogene Weise seine Mordinstinkte zu befriedigen. Dieser Vorwurf stürzte Russell in eine ernsthafte Krise: *Es fällt mir jetzt schwer, die verheerende Wirkung zu verstehen, die dieser Brief auf mich hatte. Ich war geneigt zu glauben, daß er Einblicke hatte, die mir verschlossen waren, und wenn er sagte, daß sich mein Pazifismus auf Blutgier gründe, so nahm ich an, er habe recht. Vierundzwanzig Stunden lang dachte ich, ich sei nicht geeignet zu leben, und erwog Selbstmord. Aber danach folgte eine gesündere Reaktion, und ich beschloß, Schluß mit einer solchen Morbidität zu machen.*[63]

Bei Lawrence fand sich, wie bei Marx, eine Art snobistischer Stolz, mit einer deutschen Aristokratin verheiratet zu sein. Es war Frieda von Richthofen, die Mann und Kinder seinetwegen verlassen hatte. Russell entlarvte ihn als einen Scheindespoten, der die Welt haßte, weil sie ihm nicht sofort gehorchen wollte. Er haßte andere Menschen, schon wenn er sie wahrnahm. Die Geschlechtsbeziehungen faßte er als einen ewigen Kampf auf, bei dem der eine den anderen zu zerstören versucht. Russell sah schließlich in Lawrence einen typischen Vertreter des Wahnsinns,

David Herbert Lawrence

der in der Zwischenkriegszeit die Welt beherrschte und im Nazismus zu einem Weltbrand aufloderte.

Im Jahre 1916, als der Krieg grausamer wurde, wurde auch die Lage der Pazifisten schwieriger. Einmal ging Russell mit Clifford Allen, dem Vorsitzenden der Vereinigung der Kriegsdienstverweigerer («No Conscription Fellowship») zu Lloyd George, um ihm ins Gewissen zu reden. Das tat er aber nur einmal. Im Zusammenhang mit Clifford Allen lernte Russell Lady Constance Malleson kennen, eine Schauspielerin mit dem Bühnennamen Colette O'Niel. Colette war mit Miles Malleson, einem Schauspieler und Dramatiker, verheiratet. Er hatte sich 1914 freiwillig gemeldet, war jedoch aus gesundheitlichen Gründen zurückgestellt und dann Pazifist geworden. Colette war jung, schön und erfolgreich, verwandte aber alle Energie, wie Russell, auf die Angelegenheiten der Kriegsdienstverweigerer. Als Ottoline 1915 nach Garsington in der Nähe Oxfords gezogen war und das Verhältnis zu ihr abkühlte, bot ihm die Bekanntschaft mit Colette einen willkommenen Ausgleich. Er fand sie ebenso mutig wie Ottoline und verliebte sich Hals über Kopf in sie. Der Krieg war von Anfang an in das Gewebe ihrer Liebe versponnen.[64]

Oft dem Zynismus nahe, entschloß sich Russell, doch noch einmal einen großangelegten Versuch für den Frieden zu unternehmen. Er schrieb einen offenen Brief an den amerikanischen Präsidenten Wilson. Er wies darin auf die zunehmende Barbarei hin, daß Furcht und Haß die allbeherrschenden Affekte geworden sind, auf das Treiben der Demagogen, die das Blutbad mit dem teuflischen Argument weitertrieben, und daß die tapferen Gefallenen nicht umsonst gestorben sein dürften. Europa sei nicht mehr in der Lage, da herauszukommen, die europäische Kultur aber gehe zugrunde wie damals, als Rom den Barbaren erlag. Der Krieg zwischen den europäischen Völkern sei im Grunde ein Bürgerkrieg. In der Leidenschaft seines Friedenswillens wuchs Russell in seinem Appell bereits damals über seine Philosophen-Existenz hinaus. Er wurde zu einem legitimen Sprecher der Menschheit.[65]

Der Brief gelangte in die Hände eines Komitees amerikanischer Pazifisten und wurde in fast jeder Zeitung Amerikas abgedruckt. Von der Mitte des Jahres 1916 bis zum Gefängnisaufenthalt im Mai 1918 beschäftigte sich Russell vorwiegend mit Angelegenheiten der Kriegsdienstverweigerer. Colette verschaffte ihm hin und wieder eine Stunde der Abwechslung und Beruhigung. In einer Versammlung in London wurde er der Spionage zugunsten der Deutschen verdächtigt und entging nur um Haaresbreite der Lynchjustiz des aufgebrachten Pöbels.[66]

1916 wurde Russell als Verfasser eines Flugblatts zu £ 100 Geldstrafe verurteilt. An der Universität in Cambridge war ein Gesinnungswandel eingetreten. Man nahm Russell die Dozentur. Ins Gefängnis kam er wegen eines Artikels in «The Tribunal», einer Zeitung, die von der Vereinigung der Kriegsdienstgegner herausgegeben wurde. Russell wies darin auf die Gefahr hin, daß amerikanische Soldaten in England als Streikbrecher benutzt werden könnten. Das trug ihm sechs Monate Gefängnis ein. Durch Vermittlung Arthur Balfours kam er jedoch in die erste Abteilung, so daß er lesen und schreiben konnte, wann er wollte. Der Gefängnisaufenthalt war ihm nicht einmal unangenehm. Er bewahrte auf diese Weise seine Selbstachtung und hatte Zeit zum Nachdenken. Weit mehr als der Gefängnisaufenthalt schmerzte ihn der zeitweilige Liebesentzug Colettes, die sich in einen anderen verliebt hatte. Nach seiner Entlassung aus dem Gefängnis im September 1918 setzte er zwar die Beziehung noch bis 1920 fort, fand aber nie mehr die Erfüllung wie im ersten Jahr.

Genauso einsam wie sich Russell bei Ausbruch des Krieges gefühlt hatte, fühlte er sich bei der Siegesfeier:

Bis spät in die Nacht blieb ich allein in den Straßen und beobachtete die

Lady Constance Malleson, genannt Colette

Woodrow Wilson, Präsident der USA

Stimmung des Volkes, wie ich es in den Augusttagen vor vier Jahren getan hatte. Die Menge war immer noch leichtfertig und hatte in der Schreckenszeit nichts dazugelernt, außer daß sie noch rücksichtsloser Vergnügungen nachjagte als zuvor. Ich fühlte mich merkwürdig einsam inmitten des Freudenfestes, wie ein Geist, der aus Versehen von einem anderen Planeten heruntergefallen ist. Natürlich freute ich mich auch, aber ich konnte keine Gemeinsamkeit zwischen meiner Freude und jener der Menge finden. Mein ganzes Leben lang habe ich mich danach gesehnt, jene Einheit mit einer großen Anzahl menschlicher Wesen zu empfinden, die die Mitglieder begeisterter Mengen fühlen. Diese Sehnsucht war oft groß genug, um mich selbst zu täuschen. Ich habe mir nacheinander eingebildet, ein Liberaler, ein Sozialist oder ein Pazifist zu sein, aber im Grunde war ich nichts davon gewesen. Der skeptische Intellekt hat mir immer, wenn ich mir sein Schweigen am meisten gewünscht hätte, Zweifel eingeflüstert, hat mich von der leichten Begeisterung der anderen getrennt und mir verzwei-

felte Einsamkeit gebracht . . . Bei allen Beschäftigungen und Vergnügungen habe ich von früher Jugend an die Qual der Einsamkeit gefühlt. Ich bin ihr fast völlig in den Augenblicken der Liebe entronnen, doch auch dabei habe ich bei einigem Nachdenken gemerkt, daß dieses Entrinnen teilweise auf Illusionen beruhte. Ich habe keine Frau kennengelernt, für die die Forderungen des Intellekts so absolut waren, wie sie es für mich sind, und jedesmal, wenn sich der Intellekt einschaltete, fand ich, daß die Gleichgestimmtheit, die ich in der Liebe suchte, versagte. Ich wollte am liebsten durch das leben, was Spinoza «Die intellektuelle Liebe Gottes» nennt, aber ich hatte noch nicht einmal den ein wenig abstrakten Gott, den sich Spinoza gestattet, um ihm meine intellektuelle Liebe darzubringen. Ich liebte einen Geist, und indem ich dies tat, wurde mein innerstes Ich selbst gespenstisch, und ich vergrub es tiefer und tiefer unter Schichten von Heiterkeit, Zuneigung und Lebensfreude. Aber meine tiefsten Gefühle sind immer einsam geblieben und haben in menschlichen Dingen keine Gesellschaft gefunden. Die See, die Sterne, der Nachtwind an einsamen Orten bedeuten mir mehr als selbst die Menschen, die ich am meisten liebe, und ich bin mir bewußt, daß menschliche Zuneigung für mich im Grunde nur ein Versuch ist, der vergeblichen Suche nach Gott zu entfliehen.[67]

Und die Bilanz eines mehr als vierjährigen Kampfes gegen den Krieg? Russell gab sich auch in diesem Punkt keinerlei Illusionen hin:

Nach Kriegsende sah ich, daß alles, was ich getan hatte, außer für mich selbst, völlig nutzlos gewesen war. Ich hatte nicht ein einziges Leben gerettet oder den Krieg um auch nur eine Minute verkürzt . . . Was mich selbst betrifft, so hatte ich mir eine neue Philosophie und eine neue Jugend errungen. Ich hatte mich von dem Don und Puritaner frei gemacht. Ich hatte gelernt, instinktive Prozesse zu verstehen, was mir vorher nicht möglich gewesen war, und ich hatte durch die lange Absonderung ein gewisses Gleichgewicht erlangt . . . Als ich merkte, daß mir keine dieser Quellen des Optimismus erreichbar war, gelang es mir trotzdem, nicht zu verzweifeln. Nach reiflicher Überlegung erwarte ich, daß das Schlimmste noch kommen wird, aber ich habe den Glauben nicht verloren, daß Männer und Frauen schließlich doch noch das einfache Geheimnis instinktiver Freude lernen werden.[68]

Am Beginn dieses Kapitels wiesen wir darauf hin, daß für Russell die Jahre 1914 bis 1918 eine Zeit des Umbruchs waren. Ganz natürlich brachte es das Erleben des Ersten Weltkriegs mit sich, daß sein Mitgefühl mit den Leiden der Menschheit in dieser Zeit der beherrschende Affekt war. Der Erste Weltkrieg und seine Liebe zu Ottoline, vielleicht auch zu Colette, bewirkten einen inneren Wandel. Dennoch beschränkte sich seine Aktivität in dieser Zeit nicht auf politische Theorie und Praxis. Im Gefängnis schrieb er unter anderem seine *Einführung in die mathematische Philosophie*, eine Art populärwissenschaftliche Fassung der

1903 erschienenen *Prinzipien der Mathematik*, im Gefängnis begann Russell auch an seiner 1921 erschienenen *Analyse des Geistes* zu arbeiten. Im ganzen läßt sich seit den *Principia Mathematica* eine Verlagerung des Interesses von logisch-mathematischen Problemen auf sprachlich-erkenntnistheoretische feststellen, eine Neuorientierung, die nach Russells eigenen Worten[69] von Dauer bleiben sollte. Vor dem Antritt seiner Gefängnisstrafe hatte er noch Vorlesungen über den Logischen

Das Brixton-Gefängnis in London

Siegesjubel in London

Atomismus gehalten. Im Gefängnis verfaßte er außerdem noch eine Kritik an John Dewey. Andere größere Veröffentlichungen aus dieser Zeit sind: *Gerechtigkeit in Kriegszeiten* (1916), *Grundlagen für eine soziale Umgestaltung* (1916), *Politische Ideale* (1917), *Wege zur Freiheit* (1918) sowie die nach einem Aufsatz benannte Sammlung von Aufsätzen *Mystik und Logik* (1918), die auch Arbeiten aus den *Philosophischen Versuchen* von 1910 enthält. Dem Einfluß Wittgensteins widmet Russell in der *Entwicklung seines Denkens* ein eigenes Kapitel. Er unterscheidet dabei zwei Phasen, eine kurz vor, die andere kurz nach dem Ersten Weltkrieg. Zeugnisse zur Begegnung mit Wittgenstein folgen im nächsten Kapitel.

Da Russell nach der zweiten Auflage seiner *Principia Mathematica*, also seit 1925, keine Logik im engeren Sinn des Wortes mehr betrieb, interessierten ihn auch die neueren Arbeiten auf diesem Gebiet nicht mehr. In der Entwicklung seiner Erkenntnistheorie ging er vor allem von sechs Prämissen aus:

1. Psychische Kontinuität zwischen Mensch und Tier
2. Orientierung am Behaviorismus und den Begriffen der Physik
3. Einschränkung des Erlebnis-Begriffs
4. Kritische Einschränkung des a priori-Begriffs
5. Festhalten an der Korrespondenztheorie
6. Analytische Methode.

Damit wird eine Klärung der Begriffe Bewußtsein, Erleben und Erfahrung nötig. Russells Vorstellungen von der Natur der Bewußtseinsvorgänge änderten sich im Laufe des Jahres 1918 grundlegend. 1914 hatte er, im Anschluß an Brentano, William James wegen der Auffassung kritisiert, daß die Sinneseindrücke relationalen Charakter haben. Die Arbeit von James war 1904 erschienen. Erst vierzehn Jahre später, 1919, erkannte Russell dann die Richtigkeit der These an. Wir haben hier einen der bei ihm gar nicht seltenen Fälle, daß er eine Auffassung aufgibt und dann wieder zu ihr zurückkehrt. Später hat Russell das Problem der Sinnesdaten in seiner *Analyse des Geistes* (1921) und in seiner *Untersuchung über Bedeutung und Wahrheit* (1940) erörtert. Wir kommen darauf noch zurück.

Rußland – China – Japan

Zwar hatte Russell die Kriegsjahre nicht in Schützengräben verbracht, aber was er vom Krieg erfahren hatte, hatte genügt, ihn zu ernüchtern. Mit vielen idealistischen Altersgenossen, die den Krieg miterlebt hatten, teilte er schwere Enttäuschungen. Sein Traum von Fortschritt, Freiheit und Frieden war verflogen. Das letzte Bollwerk seiner puritanischen Moral hatte er nicht halten können. Politiker, Staatsmänner und Regierungen hatten versagt, Europa hatte versagt, die Vereinigten Staaten hatten versagt. Bezeichnend für Russell war jedoch, daß er in dieser ausweglosen Situation nicht resignierte oder gar verzweifelte. Von Europa und den USA wandte sich sein Blick nach Asien, nach Rußland, China und Japan. Der Krieg war für ihn gerade zum richtigen Zeitpunkt zu Ende gegangen. Da das Militärdienstalter 1918 erhöht worden war, hätte man auch ihn zum Kriegsdienst eingezogen oder als Kriegsdienstverweigerer wahrscheinlich wieder gefangengesetzt. Auch die finanzielle Seite war zu bedenken. Solange er an den *Principia Mathematica* schrieb, hielt er es für gerechtfertigt, von ererbtem Geld zu leben. Das von seiner Großmutter geerbte Geld verschenkte er indessen, teils an die Universität Cambridge, teils an das Newnham College, teils für andere Erziehungsprojekte. Seinem Freund Eliot schenkte er Pfandbriefe. Im ganzen blieben ihm jährlich £ 100 nicht selbst verdienten Geldes, das er laut Ehevertrag jedoch nicht verschenken konnte. Im Gefängnis hatte er nur über Mathematik schreiben dürfen, womit kaum etwas zu verdienen war. Jetzt, nach Kriegsende, konnte er wieder mit Schreiben Geld verdienen. Außerdem hatten ihm Freunde in London philosophische Vorträge vermittelt. Indem er schrieb, verdiente er fortan genug Geld, abgesehen vielleicht von einer kurzen Zeit in Amerika.

Weihnachten 1919 fuhr Russell nach Den Haag, wo er seinen Freund Wittgenstein treffen wollte. Wittgenstein war Österreicher, Russell hatte ihn, wie bereits erwähnt, kurz vor dem Ausbruch des Ersten Weltkriegs in Cambridge kennengelernt. Wittgenstein, Sohn reicher Eltern, hatte Ingenieur werden wollen und war so nach Manchester gekommen. Dort begann er, sich für die Grundlagen der Mathematik zu interessieren, und siedelte nach Trinity über, als er von Russell hörte: *Er war vielleicht das vollendetste Beispiel eines Genies der traditionellen Auffassung* nach, das mir je begegnet ist: *leidenschaftlich, tief, intensiv und beherrschend. Er hatte eine gewisse Reinheit, die ich nie wieder in diesem Maße gesehen habe, außer bei G. E. Moore.*[70] Nach einer Versammlung der Aristotelischen Gesellschaft meinte Wittgenstein, Russell hätte diesen Männern sagen sollen, welche Dummköpfe sie seien. Wittgenstein war ungewöhnlich stark, sein Leben verlief turbulent. Er lebte von Milch und Gemüse und verachtete die Konvention: *Er besuchte mich jeden Abend um Mitternacht und lief wie ein wildes Tier drei Stunden lang in erregter Stille in meinem Zimmer hin und her. Einmal sagte ich zu ihm: «Denken Sie über die Logik nach oder über Ihre Sünden?» – «Beides», antwortete er und lief weiter. Ich mochte nicht vorschlagen, daß es Zeit sei, ins Bett zu gehen, denn es schien ihm und mir möglich, daß er Selbstmord begehen würde, wenn er mich verließe. Am Ende des ersten Semesters in Trinity kam er zu mir und sagte: «Denken Sie, daß ich ein völliger Idiot bin?» Ich sagte: «Warum wollen Sie das wissen?» Er antwortete: «Weil ich, wenn ich einer bin, Pilot werde, wenn nicht, Philosoph.»*[71]

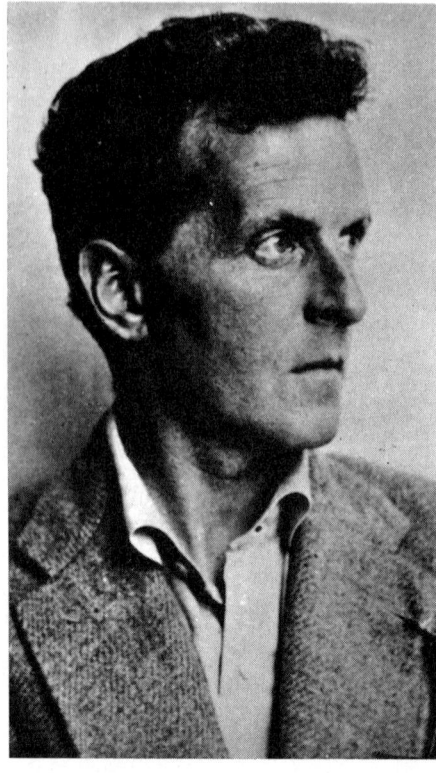

Ludwig Wittgenstein

Russell bat ihn, einen philosophischen Essay zu schreiben, was Wittgenstein auch tat. Als er den ersten Satz gelesen hatte, war Russell überzeugt, daß Wittgenstein ein genialer Mann war, und riet ihm, kein Pilot zu werden. Auch Moore hielt viel von Wittgenstein, und zwar deshalb, weil er in seinen Vorlesungen staune, was sonst niemand tue. Im Ersten Weltkrieg war Wittgenstein Offizier in der österreichischen Armee. In den Schützengräben hatte er ein Buch geschrieben. Wenn er über Logik nachdachte, störten ihn explodierende Granaten wenig. Einige Tage nach Waffenstillstand hatten die Italiener ihn gefangengenommen. Sein Manuskript über Logik schickte er Russell. Daraus wurde später das Buch «Tractatus Logico-Philosophicus». Wittgenstein war, wie Russell, Patriot und Pazifist zugleich. In Den Haag diskutierten beide den «Tractatus» eine Woche lang Zeile für Zeile. Wittgenstein, auch darin Russell ähnlich, hatte sein Vermögen verschenkt und verdiente sich seinen Lebensunterhalt als Volksschullehrer in Trattenbach, wo er viel unter den Schikanen der Dorfbewohner zu leiden hatte. Später ging er nach Cambridge.

So viel zur Begegnung Russells und Wittgensteins in Den Haag! Dorthin, wie auf seinen Reisen nach China und Japan, begleitete Russell seine spätere Frau Dora Black, von der im nächsten Kapitel ausführlicher zu berichten ist.

Im Frühjahr 1920 nahm eine Abordnung der Labour Party Russell mit nach Rußland. Er hielt sich dort vom 11. Mai bis zum 16. Juni auf. Seine Eindrücke von der Fahrt legte er in dem Buch *Praxis und Theorie des Bolschewismus* (1920) nieder. Der Delegation gehörte auch Clifford Allen an. Zunächst hielt man sich in Petersburg auf.

Was mich betrifft, so glich die Zeit, die ich in Rußland verbrachte, einem ständig zunehmenden Alptraum . . . Grausamkeit, Armut, Mißtrauen, Verfolgung waren die Luft, die wir atmeten. Man belauschte ständig unsere Unterhaltungen. Mitten in der Nacht vernahm man Schüsse und wußte, daß Idealisten in Gefängnissen getötet wurden. Es gab eine heuchlerische Vortäuschung von Gleichheit, und jeder wurde «towarischtsch» genannt, aber es war erstaunlich, wie verschieden dieses Wort ausgesprochen werden konnte, je nachdem, ob die angeredete Person Lenin oder ein fauler Diener war . . . Ich fühlte, daß alles, was ich im menschlichen Leben schätzte, zu Gunsten einer oberflächlichen, engstirnigen Philosophie zerstört wurde und daß dabei unbeschreibliches Elend über viele Millionen Menschen gebracht wurde. Mit jedem Tag, den ich in Rußland war, wuchs mein Grauen, bis ich jede Fähigkeit zu einem ausgeglichenen Urteil verlor.[72]

Auf einer Dampferfahrt die Wolga flußabwärts erkrankte Clifford Allen schwer an Lungenentzündung.[73]

Später hielt Russell in zurückdatierten Briefen an Colette viele ausgezeichnete Stimmungsbilder seiner russischen Reise literarisch fest. Da-

Lenin

von können wir hier aber nur einige der besten Stellen wiedergeben. Manches erinnert an Nietzsche: *Wenn ich in die Zukunft blicke, sieht mein ernüchterter Blick nur Streit und immer mehr Streit, verletzende Grausamkeit, Tyrannei, Gewalt und sklavische Unterwerfung. Die Menschen meiner Träume – aufrecht, furchtlos und großzügig – werden sie je auf der Erde existieren?*[74]

Die Orientierung am Ökonomischen und ein platter Utilitarismus lassen keine höhere Kunst oder Religion aufkommen:

Ich bin in dieser Atmosphäre unendlich unglücklich – erstickt durch ihren Utilitarismus, ihre Gleichgültigkeit gegenüber Liebe und Schönheit und dem Triebleben. Ich kann den rein animalischen Bedürfnissen des Menschen nicht jene Bedeutung beimessen, die ihnen hier von den Mächtigen gegeben wird . . .

Und schließlich begann ich zu fühlen, daß alle Politik von einem grinsenden Teufel beseelt wird, der die Energischen und Schlagfertigen lehrt, die unterwürfige Bevölkerung zugunsten ihrer eigenen Tasche oder Macht oder Theorie zu quälen.[75]

Eine einstündige Unterhaltung mit Lenin enttäuschte Russell. Neben einer beschränkten marxistischen Orthodoxie stellte er bei Lenin einen deutlichen Hang zu boshafter Grausamkeit fest. Rußland bedeutete für Russell einen Schock, den er kaum ertragen konnte. In einem Brief vom

25. Juni 1920 an Ottoline Morrell verlieh er seinen Gefühlen unumwunden Ausdruck:

Vor allem, weil ich die Bolschewiken haßte, war für mich die Zeit in Rußland unendlich schmerzvoll, obwohl es eine der interessantesten Reisen war, die ich je unternommen habe. Der Bolschewismus ist eine exklusive, tyrannische Bürokratie, mit einem raffinierteren und schrecklicheren Spitzelsystem als das des Zaren, und einer ebenso unverschämten wie gefühllosen Aristokratie, die sich aus amerikanisierten Juden zusammensetzt. Es bleibt keine Spur von Freiheit, weder im Denken noch im Reden oder Handeln. Das Gewicht dieser Maschinerie hat mich bedrückt und erstickt wie ein Bleimantel. Trotzdem glaube ich, daß es im Augenblick die richtige Regierung für Rußland ist . . . Doch es ist schrecklich. Bis zum einfachsten Bauern herunter sind sie ein Volk von Künstlern; die Bolschewiken haben sich zum Ziel gesetzt, sie so weit wie möglich zu industrialisieren und zu Yankees zu machen.[76]

Die mehr persönlichen Reiseeindrücke finden in dem schon genannten Buch über *Die Praxis und Theorie des Bolschewismus* eine sachliche Ergänzung. In wesentlichen Punkten hat sich seine Diagnose als richtig erwiesen, so daß die zweite Auflage des Buches im Oktober 1948, von einigen unbedeutenden Einzelheiten abgesehen, unverändert bleiben konnte. Russell kritisiert darin vor allem den dogmatisch-religiösen Charakter des russischen Kommunismus, die militante Gewißheit in objektiv ungewissen Fragen, zum Beispiel im dogmatischen Materialismus, den Verrat an den eigenen Idealen, verbunden mit Gewaltanwendung. Dabei bleibt sich Russell der Schwächen des kapitalistischen Systems durchaus bewußt, aber die russische Form des Kommunismus bietet keine echte Alternative. Sie ist innerlich aristokratisch, äußerlich militaristisch. Nimmt man die Parole der Weltrevolution ernst, kann am Ende nur eine ungeheure Katastrophe der gesamten Menschheit stehen.

Während Rußland und Japan in der Sicht Russells ziemlich schlecht wegkommen, bedachte er China, das er 1920/21 bereiste, mit höchstem Lob. Trotz der allgemeinen Gärung erlebte Russell China als ein Land philosophischer Ruhe.[77]

Bei der Besichtigung einer verfallenen Pagode kletterte Russell die spiralenförmige Treppe hinauf und glaubte, seine chinesischen Begleiter würden ihm folgen. Sie aber blieben unten stehen: Sie konnten sich nicht entschließen nachzusteigen, denn die Pagode konnte in jedem Augenblick einstürzen, und es sollte wenigstens jemand übrig bleiben, der davon Zeugnis ablegen würde, wie der Philosoph starb. Russell ergötzte sich immer wieder an dem Humor der Chinesen, einem verfeinerten Humor, der sich um so mehr über einen Spaß freut, je weniger ihn der andere versteht. In Peking zog sich Russell eine Bronchitis zu. Er beachtete sie nicht und badete, einige Autostunden von Peking entfernt, an einem Ort, wo es heiße Quellen gab. Aus der Bronchitis wurde schnell eine Lungenentzündung. Russell verlor das Bewußtsein, wurde in ein deutsches Krankenhaus eingeliefert und verdankte seine Rettung der aufopfernden Pflege Doras und einer englischen Berufsschwester. Nach vierzehn Tagen konnte er sich noch nicht einmal an seinen eigenen Namen erinnern. Die Krankenschwester erwog ernstlich, ob es nicht ihre Pflicht sei, ihn sterben zu lassen, aber ihre berufliche Erziehung war stärker als ihr moralisches Gefühl. Einen Auftrieb gab Russell auch die Entdeckung Doras, daß sie schwanger war.[78]

In seinem Buch über China (1922) sind die Kapitel über *Gegenwärtige Kräfte und Tendenzen in Fern-Ost, Gegenüberstellung chinesischer und westlicher Kultur, Der chinesische Charakter, Das höhere Bildungswesen in China, Industrialismus in China* und *Die Aussichten für China* die wichtigsten. Wie sein Buch über Rußland enthält auch dieses Buch Russells über China äußerst zutreffende Diagnosen und Prognosen. Die russischen Probleme sind nach ihm den chinesischen zwar verwandt, aber nicht so verwickelt wie diese. Russell sah China als eine Künstlernation par excellence an. China schien ihm die Möglichkeit zu bieten, Dinge zu pflegen, die er für äußerst wichtig hielt: Wissen, Kunst, instinktives Glück, Freundschaft und Liebe. Feine psychologische Beobachtungen durchziehen das Werk, zum Beispiel die Feststellung der Tatsache, daß Übel, an die wir nicht gewöhnt sind, einen größeren Eindruck auf uns machen als solche, an die wir uns gewöhnt haben. China ist das wichtigste der unterentwickelten Länder auf der Erde, aber auch das Land mit der größten Geduld. Wenn dieses Land verwestlicht würde, würde zu den industriellen und militaristischen Nationen, die jetzt unseren unglücklichen Planeten peinigen, nur eine weitere hinzugefügt. Russells Frage war, ob China dieser Entwicklung widerstehen kann.[79]

Nach Russell ist die chinesische Kultur in allem, was dem Glück des Menschen dient, der unserigen überlegen. Japan dagegen hat sich infolge seiner Verwestlichung seiner Meinung nach gleichsam zwischen zwei Stühle gesetzt, zwischen China und Amerika.

Die Japaner sind ernst, leidenschaftlich, mit starkem Willen; sie sind bewundernswert gute Arbeiter und fähig zu einer unbeschränkten Hingabe an ein Ideal. Die meisten von ihnen haben die entsprechenden Fehler: Mangel an Fröhlichkeit, Grausamkeit, Intoleranz und Unfähigkeit zu freiem Denken. Aber diese Fehler sind keineswegs allgemein; man begegnet unter ihnen einer gewissen Anzahl Männer und Frauen, die ganz außergewöhnlich hervorragend sind. Und in ihrer Zivilisation als Ganzem ist ein Grad von Kraft und Bestimmtheit, der höchste Achtung gebietet.[80]

Das, was wir nach Russell von den Chinesen lernen können, ist Geduld, Friedfertigkeit, Genußfähigkeit, Höflichkeit, Lebensfreude und Weisheit. Russells Hoffnung auf eine mehr westliche Regierungsform in China ging nicht in Erfüllung. Er erkannte, daß einmal die Frage für China lebenswichtig ist, ob es eine Politik der Verteidigung oder eine

Russell in Peking

aggressive, militaristische Politik betreibt, sodann die Frage, ob es mit den wissenschaftlichen Mitteln des Westens seiner Armut Herr werden wird, ohne die negativen Begleiterscheinungen der westlichen Industrialisierung zu übernehmen. Ein militärisch starkes China, das erkannte Russell auch, würde langfristig für den Westen wahrscheinlich eine größere Bedrohung darstellen als Sowjetrußland.[81]

Zweite Ehe

Dora Black hatte, wie gesagt, Russell auf seiner China-Reise begleitet. Nach Rußland hatte er sie nicht mitnehmen wollen, da dort Typhus herrschte und die Reise politische Ziele verfolgte, Dora sich aber nicht sonderlich für Politik interessierte. Da war sie auf eigene Faust losgefahren und auf ziemlich abenteuerliche Weise auch über Skandinavien nach Rußland hineingekommen. Ihr Eindruck vom kommunistischen Rußland war positiver als der seine. Das Thema Rußland wurde zu einem dauernden Streitobjekt zwischen beiden. Russell war seiner zweiten Frau zuerst im Jahre 1916 begegnet. Eine Schülerin von ihm, Dorothy Wrinch, hatte sie aus Girton mitgebracht. Man unternahm eine zweitägige Wanderung, an der auch ein anderer Schüler Russells, der französische Philosoph Jean Nicod, teilnahm. Russell interessierte sich von Anfang an für Dora Black. Am ersten Abend der Wanderung, nach dem Abendessen, sprach man auch darüber, was man sich am meisten wünsche. Dora wollte heiraten und Kinder haben. Dieser Wunsch, von einer so intelligenten Frau geäußert, überraschte Russell. Außerdem kam sie seinen geheimsten Wünschen entgegen. Im Juli 1919 traf man sich wieder. Diesmal diskutierten sie über die Rechte von Vätern. Dora erklärte sich nicht bereit, diese Rechte anzuerkennen. Sie würde ihre Kinder ausschließlich als ihr Eigentum betrachten. Russell antwortete darauf hitzig: *Nun, von wem ich auch Kinder haben werde, Sie werden es nicht sein!*[82]

Das Ergebnis dieses Streits war, daß Bertrand am folgenden Abend mit Dora zu Abend aß. Er lud sie zu einem langen Besuch nach Lulworth ein. Nun hatte sich aber auch Colette angesagt. Russell hatte den ganzen Sommer über Schwierigkeiten, ein Überschneiden ihrer Besuche zu vermeiden. Er schwankte eine Zeitlang zwischen Colette und Dora. Das Hauptproblem bei Colette war, daß sie keine Kinder wollte. Dora wollte Kinder, mit oder ohne Ehe, und das gab bei Russell wohl den Ausschlag. Er zog die Konsequenzen, die er glaubte ziehen zu müssen, was zu seiner Scheidung führte. Das Jahr 1921 brachte dann für ihn einerseits die Scheidung von Alys, andererseits die Heirat mit Dora sowie die Geburt seines ersten Kindes im November. So hatte er mit 49 Jahren ein langersehntes Ziel, Vater zu werden, erreicht. Was er nicht wissen

Dora Black, Russells zweite Frau

konnte, war, daß er noch fast die Hälfte seines Lebens vor sich hatte. Einstweilen war er Vater geworden, und Russell wäre nicht er selbst, wenn er nicht auch über väterliche Gefühle philosophiert hätte: *Bei der Geburt meines ersten Kindes im November 1921 fühlte ich eine unendliche Befreiung von zurückgestauten Gefühlsregungen, und während der nächsten zehn Jahre war mein wichtigstes Ziel väterlicher Art. Väterliche Gefühle, wie ich sie empfand, sind sehr komplex. Da ist zuerst und vor allem eine rein animalische Zuneigung und die Freude zu beobachten, wie*

75

bezaubernd das Verhalten der Kinder ist. Dann ist da ein Gefühl unaus-
weichlicher Verantwortung, die ein Ziel für die täglichen Beschäftigungen
schafft, das von Skeptizismus nicht leicht in Frage gestellt wird. Außer-
dem gibt es noch ein egoistisches Element, das sehr gefährlich ist: die
Hoffnung, daß die eigenen Kinder dort Erfolg haben, wo man selbst ver-
sagt hat, daß sie die eigene Arbeit weiterführen, wenn Tod oder Alters-
schwäche den eigenen Bemühungen ein Ende setzen, und daß sie in jedem
Fall ein biologisches Entkommen vor dem Tod ermöglichen, indem sie
das eigene Leben zu einem Teil des großen Stromes machen, statt zu ei-
nem stagnierenden Tümpel, der sich nicht in die Zukunft ergießt. All das
erlebte ich, und einige Jahre lang erfüllte es mein Leben mit Glück und
Frieden.[83]

Auch Russell blieb die allen Vätern obliegende Pflicht nicht erspart,
einen Ort zum Leben zu finden, ein Heim zu gründen, und schon stieß
er auf ungeahnte Schwierigkeiten. Man wollte ihm keine Wohnung vermieten, weil er politisch wie moralisch unerwünscht war. So kaufte er
ein Haus mit eigenem Grund in London. Dort wurden seine beiden ersten Kinder geboren; aber sollten sie das ganze Jahr in London verbringen? Also erwarb er im Frühling 1922 ein weiteres Haus in Cornwall.
Von 1922 bis 1927 verbrachten die Russells ihre Zeit teils in London,
teils in Cornwall. Danach hielt man sich nicht mehr in London und weniger in Cornwall auf. Das Leben dort war während dieser sechs Jahre jedoch nicht eine reine Idylle. Der Kauf der beiden Häuser hatte das vor-
handene Geld nahezu verbraucht, aber Russell gelang es, sich mit dem
Schreiben von Artikeln für Zeitschriften und popularwissenschaftlichen
Büchern über Wasser zu halten. Auf seine Veröffentlichungen in dieser
Zeit gehen wir im nächsten Kapitel näher ein. In den Jahren 1922 und
1923 kandidierte er für das Parlament, seine Frau im Jahre 1924. 1927
entschlossen sie sich, eine Schule zu gründen. Ihre Kinder sollten mit
anderen Kindern aufwachsen, aber keine der bestehenden Schulen genügte ihren Ansprüchen. Hier war man zu prüde, dort zu modern. Es
fehlte der richtige Mittelweg. Es gelang den Russells auch, eine Schar
von etwa zwanzig Kindern zusammenzubringen, die ungefähr so alt wie
John und Kate waren. Als Schulgebäude mietete Russell ein Haus seines
Bruders, das Telegraph House in den South Downs, zwischen Chiche-
ster und Petersfield, eine alte Telegrafenstation. Schon bei der Einrich-
tung der Schule gab es Finanzprobleme. Die Schule kostete Russell etwa
£ 2000 jährlich, so ziemlich sein gesamtes Einkommen.

Er finanzierte die neue Schule mit den Einkünften aus seinen Büchern
sowie durch vier Vortragsreisen in den Jahren 1924, 1927, 1929 und 1931
nach Amerika. Auch seine Frau hielt dort Vorträge. Besonders machte
Russell die große Anzahl von Problemkindern in seiner Schule zu schaffen, und nicht alle Lehrer waren bereit, seine Prinzipien auch in der Praxis anzuwenden. Er erkannte bald, daß eine zu weit gehende Freiheit

Russell mit seinem Sohn John

der Kinder zu Terror führte. Oft kamen finstere Impulse ans Licht. Für John und Kate gab es besondere Probleme: entweder sie petzten oder sie hintergingen ihre Eltern. Kate hat in ihrem anfangs genannten Buch über ihren Vater eindrucksvoll die katastrophalen Wirkungen beschrieben, die die Beacon Hill School auf das Russellsche Familienleben ausübte.[84] Dennoch erhielten Kate und John eine hervorragende Erziehung. Nach Kate begann 1927, mit der Gründung der Schule, die Auflösung der Familie. 1934, als sie und John die Beacon Hill School verließen und fortan die Dartington Hall School in Devonshire besuchten, war der Auflösungsprozeß vollendet.[85] Russell kam hernach zu dem Ergebnis, daß manche Prinzipien der Schulleitung falsch waren, daß mehr Freiheit vorgetäuscht wurde, als tatsächlich vorhanden war, und daß die

Schule ihm keine dem Einsatz entsprechende Befriedigung verschaffte. Viel von seiner Stimmung damals drückt ein Artikel aus, den er am Weihnachtstag 1931 auf einer Reise über den Atlantik für die Hearst Press schrieb: *Weihnachten auf See.* 35 Jahre zuvor hatte er schon einmal ein Weihnachtsfest auf dem Atlantik erlebt. Damals hatte er die See und die Einsamkeit als angenehm empfunden. Inzwischen war er furchtsamer, versöhnlicher und der Zuneigung bedürftiger geworden. Russell meint hier weniger die Furcht vor dem Tod als jene metaphysische Angst, die aus der Erfahrung der größten Übel entspringt: dem Verrat von Freunden, dem Tod geliebter Menschen und der Entdeckung der Grausamkeit in der menschlichen Natur.

Allein zu stehen, mag immer noch als moralische Anstrengung möglich sein, ist aber nicht länger ein angenehmes Abenteuer. Ich sehne mich nach der Gesellschaft meiner Kinder, nach der Wärme der heimischen Feuerstelle, nach der Unterstützung durch historische Kontinuität und Mitgliedschaft einer großen Nation. Das sind sehr gewöhnliche menschliche Freuden, die die meisten älteren Leute zu Weihnachten genießen. Nichts ist darin, was den Philosophen von anderen Menschen unterschiede; im Gegenteil, eben ihre Gewöhnlichkeit läßt sie das Gefühl tiefer Einsamkeit wirksamer lindern.[86]

In einer nebligen Nacht, als alle schlafen gegangen waren, saß Russell in seinem Turm des Telegraph House und meditierte. Die Welt um ihn herum war in Nacht und Nebel versunken. In allen Richtungen entdeckte er nur sein eigenes Bild, trübe, undurchsichtig, schattenhaft. Aus der geistigen Nacht gibt es kein Erwachen mehr. Die Schattenphysik unserer Tage sperrt uns in einen dunklen, engen Kerker. Das ganze Universum ist ein Gefängnis geworden, Dunkelheit draußen, Dunkelheit drinnen, und warum in einer solchen Welt leben, sterben?[87]

War es die ausweglose Situation der Menschheit zwischen den beiden Weltkriegen, die in Russell diese düsteren Visionen erzeugte, oder war es das dunkle Gefühl, daß auch seine zweite Ehe scheitern würde? Eines hängt mit dem andern zusammen: Öffentliches und Privates, Äußeres und Inneres, Liebe und Erkenntnis, Philosophie und Politik.

Im November 1922 stellte er sich als Labour-Kandidat in Chelsea für die bevorstehende allgemeine Wahl vor. Die Labour Party vertrat nach seiner Auffassung als einzige eine klare, vernünftige Außenpolitik.[88]

Russells Bemühungen blieben ohne Erfolg. Die späteren Jahre im Telegraph House standen für ihn im Zeichen politischen wie privaten Scheiterns. In keinem der beiden Bereiche vermochte er Theorie und Praxis zu versöhnen. Seitdem er seine puritanische Moral aufgegeben und den Lockungen der freien Liebe sowie seinen polygamen Neigungen nachgegeben hatte, mußte er wohl oder übel auch die Konsequenzen in Kauf nehmen. Dora Black war nicht die Frau, die ehrfürchtig zu ihm aufschaute. Sie wollte Gleichberechtigung und Partnerschaft. War

Russell von der Voraussetzung ausgegangen, daß auch in einer offenen Ehe die Frau nur Kinder von ihrem Mann bekommt, hatte Dora das zwar zunächst akzeptiert, aber nicht in die Praxis umgesetzt. Ihre offene Ehe führte dazu, daß sie noch zwei Kinder bekam, die nicht von Russell stammten, Harriet und Roderick. Die Theorie, seine neue Moral, hatte Russell geblendet, aber er war nicht der Mann, der sich damit abfand. Als seine Frau ihn hintergangen hatte, entzog er ihr die Liebe und schenkte sie Patricia Helen Spence, auch Peter genannt. Sie war eine bildschöne, charmante, lebensfrohe junge Dame, mit der zusammen er an seinem Buch *Freiheit und Organisation 1814–1914* (1934) arbeitete und die eine Zeitlang Lehrerin an seiner Schule war. Er heiratete sie 1936. Sie gebar ihm 1937 seinen jüngsten Sohn Conrad. War die Ehe mit

Das Telegraph House in den South Downs,
wo Russell und seine zweite Frau eine Schule einrichteten

Bertrand Russell mit Schülern seiner Schule

Dora Black von Anfang an zum Scheitern verurteilt, da sie nur dem Zweck, Kinder zu bekommen, diente, oder war sie das Opfer der «Neuen Moral» geworden? Schon Anfang der dreißiger Jahre wurde das Verhältnis immer unerfreulicher. Kate berichtet von einem Sommerurlaub zu viert in Hendaye, in Südfrankreich, bei dem Peter teils die Rolle der Lehrerin, teils die der Geliebten spielte und Dora sich vorwiegend mit ihrer einjährigen Tochter befaßte, deren Vater auch dabei war.[89] Spannungen blieben nicht aus.[90]

Dora führte die Schule, wenn auch nicht im Telegraph House, noch etwa zehn Jahre weiter. Währenddessen erhielt sie nur von Bertrand finanzielle Unterstützung. Weder beklagte sie sich bei ihren Kindern noch brachten die Kinder ihr Sympathie entgegen. Während der Jahre in Dartington haßte und verachtete Kate ihre Mutter.[91] Da Russell fürchtete, seine Frau würde die Kinder mit nach Rußland nehmen, unterstellte er sie der Aufsicht des Kanzleigerichts, so daß die Kinder nur mit Einwilligung beider Elternteile das Land verlassen durften. Kate bezeichnet die Jahre von 1934, als sie elf Jahre alt war, bis 1939 als die unglücklichsten ihres Lebens. Die Eltern, deren Hilfe sie brauchte, schienen ihre zu brauchen. Sie wünschte sich vergeblich, daß die Eltern sie und ihren Bruder nicht als Parteien im Kampf betrachteten, einmal im

Kampf gegen die Konvention, sodann gegeneinander. Im August 1939 endete diese fürchterliche Zeit für die Kinder, als sie auf der «Queen Mary» nach Amerika fuhren, um dort den Sommer zu verleben.[92] Dann kam der Zweite Weltkrieg. Nach dem Auszug Doras und der Schule aus dem Telegraph House entfiel zunächst die Belastung durch die Schule. Russell war nicht mehr darauf angewiesen, für Geld zu schreiben. Nach seinem Scheitern als Vater beseelte ihn wieder der Ehrgeiz, wichtigere Bücher zu schreiben.

Telegraph House war in seinem Leben ein Faktor der Kontinuität gewesen. Seine Armut, nicht sein Wille zwang ihn zum Verkauf. Lange Zeit danach hatte er keinen festen Wohnsitz und glaubte auch nicht daran, daß er wieder einen haben würde, was ihn sehr schmerzte. Im Rückblick auf seine zweite Ehe bemerkte er: *In meiner zweiten Ehe hatte ich versucht, jene Achtung vor der Freiheit meiner Frau beizubehalten, die meine Überzeugungen zu fordern schienen. Ich fand jedoch, daß meine Fähigkeit zur Vergebung und zu dem, was man christliche Liebe nennen mag, nicht jenen Forderungen entsprachen, die ich stellte, und daß das Verharren in einem hoffnungslosen Bemühen mir viel schaden, den anderen jedoch nicht in dem beabsichtigten Maße nützen würde. Jeder andere hätte mir das voraussagen können, aber ich war durch die Theorie verblendet.*[93]

Popularphilosophie

Von dem Erscheinen seines im vorletzten Kapitel erwähnten Buches
über China (1922) bis zum Ausbruch des Zweiten Weltkriegs (1939)
schrieb Russell etwa zwanzig größere Arbeiten, meistens popularwissen-
schaftliche, die wir hier natürlich nicht alle besprechen können. Das
Spektrum der Thematik umfaßt die Wissenschaften, speziell die Natur-
wissenschaften, Wissenschaft und Religion, die Industriegesellschaft,
Erziehung, Ehe, Moral, Glück, Freiheit und Organisation, Frieden,
ökonomische und politische Macht, Skepsis und nicht zuletzt die Philosophie selbst. 1923 erschien das gemeinsam mit Dora Black verfaßte
Buch *Kultur des Industrialismus und ihre Zukunft*. Russell geht darin
von den Ursachen des gegenwärtigen Chaos aus. Er untersucht die der
Industriegesellschaft innewohnenden Tendenzen, Industrialismus und
Privateigentum, die Verknüpfung von Industrialismus und Nationalismus, den Übergang zum Internationalismus, den Sozialismus in den unterentwickelten und fortgeschrittenen Ländern, die Kriterien für ein gutes und schlechtes soziales System, moralische Regeln und sozialen
Wohlstand, Quellen und Verteilung der Macht, Erziehung sowie wirtschaftliche Organisation und geistige Freiheit. In dem erfolgreichen,
1923 erschienenen Buch *Das ABC der Atome* befaßt er sich mit Atom-
kern und Elektronen, der Quantentheorie, Elektronenbahnen, Strahlen
und Radioaktivität, mit der Struktur des Atomkerns, mit der neuen Physik und der Wellentheorie des Lichts sowie dem Relativitätsprinzip. Ihm
widmete er ein eigenes Buch *Das ABC der Relativitätstheorie* (1925).
Auch dieses Buch wurde ein Erfolg. Russell befaßt sich darin mit Fragen
der Lichtgeschwindigkeit, Raum und Zeit, dem Unterschied von Tatsachen und Wahrnehmungen, Himmel und Erde, der speziellen Relativitätstheorie und der Gravitationstheorie, den Begriffen Masse und Energie, Kraft und Materie sowie mit der Frage nach der Endlichkeit des
Universums und der Gültigkeit von Naturgesetzen.

In dem Buch *Erziehung, vornehmlich in frühester Kindheit* (1926) behandelt Russell im ersten Teil die Erziehungsideale, im zweiten die Cha-
raktererziehung, im dritten die intellektuelle Erziehung. Sein Programm
umfaßt die Erziehung vom frühesten Kindesalter bis zum Universitäts-
studium einschließlich.

Strafe und Angst waren die beiden Wege, auf denen man die sogenannte Tugend erreichte. Heute wissen wir, daß Unterdrückung eine schlechte Methode ist, die nie zum Erfolg führt und geistige Störungen nach sich zieht. Das Lenken der Instinkte ist eine ganz andere Methode, die eine ganz andere Technik bedingt . . . Wenn wir wollten, in einer Generation könnten wir das Zeitalter des Glücks und des Friedens haben. Aber das alles ist nur möglich, wenn die Liebe dabei hilft. Das Wissen ist da, die fehlende Liebe verhindert seine Anwendung . . . Wissen ist der Befreier von der Herrschaft natürlicher Kräfte und destruktiver Leidenschaften. Ohne Wissen kann die Welt unserer Hoffnungen nicht aufgebaut werden . . . Tausend alte Ängste versperren den Weg zu Glück und Freiheit. Aber die Liebe kann die Angst besiegen.[94]

Mit seinem Buch über die Erziehung hatte Russell auch finanziell Erfolg. Diese Erfolgsphase dauerte bis 1933. 1927 hielt er den Vortrag *Warum ich kein Christ bin.* Er kommt darin zu dem Schluß, daß Christus an Weisheit oder Tugend nicht ganz so hoch steht wie Buddha oder Sokrates.[95] An anderer Stelle heißt es: *Ich sage mit vollster Überlegung, daß die in ihren Kirchen organisierte christliche Religion der Hauptfeind des moralischen Fortschritts in der Welt war und ist.*[96]

Russell sieht die Quelle der Intoleranz im Absolutheitsanspruch des christlich-jüdischen Gottesbegriffs. *Die Intoleranz, die sich mit dem Aufkommen des Christentums über die Welt verbreitet, ist eines seiner seltsamsten Merkmale und geht meiner Meinung nach darauf zurück, daß die Juden an die Rechtschaffenheit glaubten und den jüdischen Gott für den einzigen Gott hielten.*[97]

Russell schließt mit der Behauptung, daß die Religion nicht nur den Fortschritt hemmt, sondern auch einer vernünftigen Erziehung im Wege steht: *Das Wissen, das ein allgemeines Glück sichern könnte, ist vorhanden, aber die Lehre der Religion hindert uns daran, es für diesen Zweck einzusetzen. Die Religion hindert uns auch daran, unseren Kindern eine vernünftige Erziehung zu geben, die Grundursachen der Kriege zu beseitigen und an Stelle der alten, grimmigen Lehren von Sünde und Strafe eine Ethik wissenschaftlicher Zusammenarbeit zu verbreiten. Es ist möglich, daß sich die Menschheit an der Schwelle eines goldenen Zeitalters befindet, wenn dies jedoch der Fall ist, muß zuerst der Drache getötet werden, der den Eingang bewacht, und dieser Drache ist die Religion.*[98]

Das 1927 erschienene Buch *Analyse der Materie* ergänzt die 1921 erschienene Arbeit *Analyse des Geistes.* Beide Bücher gehören nach Russell nicht zu den populärwissenschaftlichen Arbeiten. Wir werden auf sie später zurückkommen. 1927 erschien *Ein Grundriß der Philosophie.*

Die skeptische Komponente seines Denkens findet in einer Arbeit von 1928 ihren Ausdruck. Russell erörtert dort den Wert des Skeptizismus, Traum und Wirklichkeit, die Fragen, ob die Wissenschaft abergläubisch ist und die Menschen rational sind, die Philosophie im 20. Jahrhundert, Behaviorismus und Werte, östliche und westliche Glücksideale, den Schaden, den die guten Menschen anrichten, den Wiederausbruch des Puritanismus, die Notwendigkeit des politischen Skeptizismus, freies Denken und offizielle Propaganda, Freiheit in der Gesellschaft, die Frage: Freiheit oder Autorität in der Erziehung?, Psychologie und Politik, die Gefahr von Glaubenskriegen sowie einige erfreuliche und unerfreuliche Ausblicke.[99]

Das Buch *Ehe und Moral* erlebte seit 1929 etwa zwanzig Auflagen. Es lieferte aber auch 1940 in New York Material für Angriffe auf Russell. In dem Buch ist von matriarchalischen und patriarchalischen Gesellschaften die Rede, von christlicher Ethik und romantischer Liebe, von der Befreiung der Frauen, von Probeehe und Prostitution, von Scheidung, Bevölkerung und Eugenik, vom Phalluskult, von Asketentum und Sünde, vom Ort der Liebe im menschlichen Leben, von der Familie in der Gegenwart, von Familie und Staat sowie der Familie in der Individualpsychologie und nicht zuletzt vom Sex. Russell selbst bemerkt dazu: *Ich entwickelte darin die Ansicht, daß völlige Treue in den meisten Ehen nicht zu erwarten sei, daß aber Mann und Frau trotz Affären fähig sein sollten, gute Freunde zu bleiben. Ich behauptete jedoch nicht, daß eine Ehe erfolgreich weitergeführt werden könne, wenn die Frau eines oder mehrere Kinder habe, deren Vater nicht ihr Gatte sei; in diesem Fall hielt ich die Scheidung für wünschenswert. Ich weiß nicht, was ich jetzt zu dem Thema Ehe denke. Mir scheint, es gibt unüberwindliche Einwände gegen jede verallgemeinernde Theorie. Vielleicht verursacht eine leichte Scheidung weniger Unglück als jedes andere System, aber es ist mir nicht mehr möglich, in bezug auf das Thema der Ehe dogmatisch zu sein.*[100]

Die Ehe ist vielleicht der Bereich bei Russell, in dem sich Theorie und Praxis am wenigsten decken, was niemand besser als seine Tochter Kate erkannte: Die Theorie war attraktiv, und man wundert sich nicht, daß die Russells sie nur widerstrebend aufgaben. Es ist ja auch schwer zuzugeben, daß das Ideal durch die altmodischen Übel der Eifersucht und Untreue zerstört wurde.[101]

1930 erschien das Buch *Eroberung des Glücks*. Im ersten Teil untersucht der Autor die Gründe des Unglücks, im zweiten die des Glücks.[102]

Das naturwissenschaftliche Zeitalter erschien 1931. Im ersten Teil des Buches befaßt sich Russell mit naturwissenschaftlicher Erkenntnis, im zweiten mit naturwissenschaftlicher Technik, im dritten mit der wissenschaftlichen Gesellschaft.[103]

In *Erziehung und soziale Ordnung* (1932) behandelt Russell wieder eine Reihe von Aspekten zur Erziehung: das Verhältnis von Individuum und Staatsbürger, Gefühl und Disziplin, Erziehung und Religion, Erziehung und Sex, Erziehung und Patriotismus, Erziehung und Wirtschaft, Erziehung unter dem Kommunismus sowie Erziehung und Propaganda.

Weit bekannt wurde das 1935 verfaßte und zusammen mit mehreren anderen Aufsätzen veröffentlichte *Lob des Müßiggangs: Mit den modernen Produktionsmethoden ist die Möglichkeit gegeben, daß alle Menschen behaglich und sicher leben können; wir haben es statt dessen vorgezogen, daß sich manche überanstrengen und die andern verhungern. Bisher sind wir noch immer so energiegeladen arbeitsam wie zur Zeit, da es noch keine Maschinen gab; das war sehr töricht von uns, aber sollten wir nicht auch irgendwann einmal gescheit werden?*[104]

Ebenfalls 1935 erschien das Buch *Religion und Wissenschaft.* Darin werden die Gründe des Konflikts behandelt, die Kopernikanische Revolution, Dämonologie und Medizin, Seele und Körper, Determinismus und Mystizismus, Wissenschaft und Ethik.

In dem Buch *Welcher Weg führt zum Frieden?* vertritt Russell immer noch den pazifistischen Standpunkt, den er während des Ersten Weltkriegs vertreten hatte, allerdings mit der Ausnahme, daß einer Weltregierung die Macht gegeben sein solle, mit Gewalt gegen Rebellen vorzugehen.[105]

1937 erschienen die *Amberley Papers* in Zusammenarbeit mit Patricia Russell, die Briefe und Tagebücher von Bertrand Russells Eltern.

In dem Werk *Macht* (1938) behandelt er den Trieb zur Macht, Führer und Geführte, die Formen der Macht, priesterliche Macht, königliche Macht, nackte Gewalt, revolutionäre Macht, wirtschaftliche Macht, Macht über die Meinung, den Glauben als Ursprung der Macht, die Biologie der Organisationen, Regierungsmacht und ihre Formen, Organisation und das Individuum, Wettbewerb, Macht und moralische Prinzipien, Machtphilosophie, die Ethik sowie die Zähmung der Macht.[106]

Bewundernswert an dieser Studie ist die Einsicht in die Zusammenhänge deutscher Theorie und Praxis der Macht, das heißt zwischen Nietzsches Machtphilosophie und Hitlers Machtpolitik.[107]

Dritte Ehe

Russells erste Ehe mit Alys Pearsall Smith hatte formell 26 Jahre gedauert. Einer der Hauptgründe für das Scheitern dieser Ehe dürfte, wie bereits erwähnt, die Unfruchtbarkeit von Alys gewesen sein. 1911 trat eine andere Frau in Russells Leben, Ottoline Morrell, aber sie war verheiratet, hatte ein Kind und war nicht bereit, sich scheiden zu lassen. Wieviel Ottoline ihm bedeutet hatte, kann man aus einem Brief vom 5. November 1938 entnehmen, in dem er Ottolines Tod beklagt. Danach gehörte sie zu den drei einzigen wirklich nahen Freunden seines Alters.[108] Aber weder Ottoline Morrell noch Colette, noch irgendeine andere Frau, die er in den nächsten Jahren kennenlernte, vermochten sein Problem zu lösen. In Alys hatte er sich auf den ersten Blick verliebt, nicht so in seine zweite Frau, Dora Black. Es war von Anfang an vielleicht eine Art Haßliebe, jedenfalls herrschten vom ersten Kennenlernen an starke Spannungen zwischen beiden. Nicht zuletzt waren es die angestauten Vatergefühle Russells, die ihn zu einer Trennung von Colette und zu einer Ehe mit Dora Black 1921 bewogen. War ihm Alys an Vitalität, sexuellem Begehren und Erfahrung unterlegen geblieben, scheint bei Dora Black eher das Gegenteil der Fall gewesen zu sein. So kam Russell in gewisser Hinsicht von einem Extrem ins andere. Seine Tochter bemerkt wohl zu Recht, daß die Ehe von Anfang an den Keim des Scheiterns in sich trug. Sie war zu einem großen Teil ein Zweckbündnis und daher mit der ganzen Problematik belastet, die solchen Verbindungen anhaftet. Die Geburt seiner Kinder John und Kate konnten die unterschwelligen Gegensätze eine Zeitlang verdrängen, aber nicht beseitigen. Wieder nach sieben Jahren ergaben sich die ersten Konflikte. Ihr Auftreten fällt etwa mit der Gründung von Beacon Hill School zusammen. Fünf weitere Jahre arbeiteten Russell und Dora Black noch in der Privatschule zusammen, wenn auch Doras folgenschwere Beziehungen zu einem anderen Mann und Russells Liebe zu Patricia Spence bereits das Ende seiner zweiten Ehe erkennen ließen. Wir erwähnten bereits, daß er 1936 Patricia Spence heiratete und sie ihm 1937 einen Sohn, Conrad, gebar. Sollte die dritte Ehe, die Russell mit 64 Jahren schloß, dauerhaft und endgültig sein? Peter Spence brachte wohl die Voraussetzungen dafür mit. Sie wollte nicht, wie Dora Black, Partnerin ihres Mannes sein, sondern

schaute zu ihm auf. Sie war bereit, eine Ehe im alten Stil mit dem von ihr vergötterten, so viel älteren Mann zu führen. Auch äußerlich brachte sie die nötigen Voraussetzungen für eine dauerhafte Bindung mit. Sie war bildhübsch, charmant und lebensfroh, geistreich, fleißig und ordnungsliebend. Im Nu hatte sie aus dem verwahrlosten Telegraph House ein schmuckes Heim gemacht, das seinen Käufer fand. Sie verwandelte die teilweise öde und trostlose häusliche Umgebung Russells in ein kleines Paradies. Als Conrad geboren war, schien das Glück vollkommen. Im August 1938 verkaufte Russell sein Haus in Kidlington. Da die Käufer es sofort haben wollten, verbrachten Peter Spence und er vierzehn Tage im August in einem Wohnwagen an der Küste von Pembrokeshire. Außerdem waren noch John, Kate, Conrad und der Hund Sherry anwesend. Leider regnete es die ganze Zeit, man hockte dicht aufeinander, und Peter verbrachte viel Zeit mit der Zubereitung von Essen, was sie gar nicht gern tat. John und Kate gingen darauf nach Dartington in die Schule zurück, Peter, Conrad und Bertrand fuhren nach Amerika. In Chicago hielt er ein Seminar über dasselbe Thema, das er auch in Oxford behandelt hatte: *Worte und Tatsachen.* Berühmte Männer, wie Carnap und Charles Morris, kamen zu den Veranstaltungen. Außerdem hatte Russell drei ausgezeichnete Schüler, Dalkey, Kaplan und Copilowish. Das Wetter in Chicago war weniger angenehm, auch der Rektor der Universität, Hutchins, der Russell nicht leiden konnte, machte ihm zu schaffen. So wurde er Professor an der Universität von Kalifornien in Los Angeles. Er und seine Familie kamen Ende März in Kalifornien an, seine Vorlesungen begannen erst im September. Eine eingeschobene Vorlesungsreise führte ihn unter anderem zur Louisiana State University. Am Mississippi empfand er für kurze Zeit ein tiefes Gefühl des Friedens: *In einer ganz ländlichen Gegend wurde ich oben auf die Deiche geführt, die den Mississippi einschließen. Ich war von Vorlesungen, den langen Reisen und der Hitze sehr ermüdet. Ich lag im Gras, sah auf den majestätischen Fluß und starrte, halb hypnotisiert, auf das Wasser und den Himmel. Etwa zehn Minuten lang empfand ich Frieden, etwas, das mir sehr selten widerfahren ist, und ich glaube, nur in der Nähe von fließendem Wasser.*[109]
Kurz darauf brach der Zweite Weltkrieg aus. Im Sommer 1939 waren John und Kate in den Ferien auf Besuch gekommen. Aus dem Ferienbesuch wurde infolge des Krieges ein langjähriger Aufenthalt. In San Francisco holten Peter und Bertrand die Kinder vom Bahnhof ab. Nach Ausbruch des Krieges lauschten die Russells voller Spannung auf Nachrichten, die bruchstückhaft über den Ozean drangen. Als der Krieg ausbrach, fühlte sich Kate so unglücklich wie ihr Vater 1914. Der Glaube an den Frieden, den ihr Vater ihr eingepflanzt hatte, schwand dahin.[110] Aber das Leben ging weiter. Peter nahm die um ihre Figur besorgte Kate mit zu einem Arzt, der ihr eine Achthundert-Kalorien-Diät pro Tag

verordnete, was allerdings wenig nützte, da sie heimlich Süßigkeiten aß. John und Kate, aber auch Peter fühlten einen gewissen Widerspruch zwischen dem sozialen Elend ringsumher und dem Komfort und Luxus, in dem sie lebten. Kate mußte feststellen, daß ihr Vater sie zwar gelehrt hatte, wirtschaftliche Ungleichheit sei ungerecht, selbst jedoch diese Ungleichheit zeitlebens hinnahm und sich nie von den aristokratischen Gewohnheiten seiner Erziehung abbringen ließ.[111]

Gegen Ende des akademischen Jahres 1939/40 wollte Russell am College der Stadt New York Professor werden. Er kündigte in Los Angeles, erfuhr aber eine halbe Stunde später, daß die Anstellung in New York noch nicht sicher sei. Die Kündigung ließ sich nicht rückgängig machen. In New York hatten es christliche Eiferer abgelehnt, einem Atheisten Gehalt zu zahlen; der Rektor in Los Angeles war froh, Russell los zu sein. Das College der Stadt New York wurde von der Stadtverwaltung geleitet. Die meisten Besucher waren Katholiken oder Juden, wenn auch fast alle Stipendien an die letzteren gingen. Um die Anstellung Russells kam es zu einem heftigen öffentlichen Streit, ja zu einem Skandal. Er sollte am City College vom 1. Februar 1941 bis zum 30. Juni 1942 Philosophie lehren. Die philosophische Abteilung und die Verwaltung des City College hatten dem Verwaltungskomitee des Ausschusses für höheres Schulwesen Russell empfohlen. Der Ausschuß stimmte mit den Stimmen aller Anwesenden zu. Der geschäftsführende Präsident Mead machte am 24. Februar 1940 der Presse die Berufung Russells bekannt.[112] Er sollte in New York drei Vorlesungsreihen halten, einmal über die modernen Auffassungen der Logik und ihrer Beziehungen zu Naturwissenschaft, Mathematik und Philosophie, ferner über Grundlagenprobleme der Mathematik, schließlich über das Verhältnis der reinen zu den angewandten Wissenschaften sowie den gegenseitigen Einfluß von Metaphysik und wissenschaftlichen Theorien. Zu der Zeit, als Russell berufen wurde, konnten am City College nur Männer Tagesvorlesungen über Themen der Geisteswissenschaften hören. Auf die Berufung Russells hin schrieb Bischof Manning von der protestantischen Episkopalkirche einen Brief an alle New Yorker Zeitungen, in dem er das Vorgehen des Ausschusses angriff: Man solle keinen Mann einstellen, der gegen Religion und Moral auftrete und den Ehebruch verteidige. Schmähungen und Einschüchterungsversuche folgten. Kirchliche Zeitschriften, die Hearst Press und Politiker der Demokratischen Partei beteiligten sich daran. Ein Mitglied des Ausschusses beantragte eine nochmalige Überprüfung der Berufung. An Erziehungsfragen interessierte Organisationen stellten Anträge, Russell abzusetzen. Die Angriffe gegen ihn konzentrierten sich auf zwei Punkte: erstens dürfe er als Ausländer am College nicht unterrichten, und zweitens begünstigten seine Ansichten über die Sexualität Verbrechen. Der Kampf weitete sich zu einem Streit um die Lehrfreiheit überhaupt sowie um die Freiheit der

Patricia Helen Spence, Russells dritte Frau

Meinung und Rede aus. Auch Einstein nahm dazu Stellung: *Große Geister sind stets von der Mittelmäßigkeit heftig bekämpft worden. Diese kann es nicht verstehen, wenn sich ein Mann nicht gedankenlos vor ererbten Vorurteilen beugt, sondern ehrlich und mutig seine Intelligenz gebraucht.*[113]

Die Studenten am City College und die meisten Mitglieder der Fakultät waren empört über die Einmischung kirchlicher und politischer Kreise in Angelegenheiten der Hochschule. Die Elternvereinigung des City

College sprach sich für Russell aus. Da begann eine sonst nicht weiter bekannte Mrs. Jean Kay aus Brooklyn, am Obersten Gerichtshof von New York einen Steuerzahlerprozeß anzustrengen in der Absicht, Russells Berufung aufzuheben, weil er Ausländer sei und sexuelle Unmoral befürworte. Sie sei besorgt um ihre Tochter Gloria, wenn sie bei Russell studieren sollte. Mrs. Kays Anwälte fügten dann noch andere Gründe gegen Russells Berufung hinzu: er habe sich nicht der vorgeschriebenen Wettbewerbsprüfung unterzogen und es widerspräche der Tradition, Atheisten als Lehrer anzustellen. Einer ihrer Anwälte, Joseph Goldstein, bezeichnete Russells Arbeiten als «geil, wollüstig, sinnlich, ausschweifend, erotomanisch, lüstern, respektwidrig, engstirnig, unwahr und des sittlichen Charakters ermangelnd»[114].

Russell sei kein Philosoph, sondern ein Sophist. Er arbeite mit Kniffen, Tricks und Trugschlüssen, seine Lehren seien billige, flitterhafte Behauptungen, mit denen er die Menschen nur irreführe. Russell gab dazu folgende Erklärung ab: *Ich habe nicht den Wunsch, auf Bischof Mannings Angriff zu antworten . . . Jeder, der sich in seiner Jugend entschließt, ohne Rücksicht auf Feindseligkeiten und Verleumdungen ehrlich zu denken und zu sprechen, erwartet solche Angriffe und lernt bald, daß es am besten ist, sie nicht zu beachten.*[115]

In Mrs. Kays Prozeß trat Richter McGeehan auf. Er hatte an der Organisation der Demokratischen Partei von Bronx mitgearbeitet und wollte früher schon einmal aus einem Wandgemälde das Porträt Martin Luthers entfernen lassen. Richter McGeehan versprach eine Überprüfung der Bücher *Erziehung und das gute Leben, Ehe und Moral, Erziehung in der modernen Welt* und *Woran ich glaube* von Russell. Er kam zu dem Ergebnis, daß die Berufung eine Beleidigung der Einwohner der Stadt New York sei. Der Ausschuß sei im Begriff gewesen, einen *Lehrstuhl für Unanständigkeit* zu errichten. (Siehe die Karikatur auf der Umschlag-Rückseite dieses Bandes.) Die Klägerin habe einen Anspruch darauf, daß die Ernennung widerrufen werde. Die Berufung wurde rückgängig gemacht mit der Begründung, Russell sei kein amerikanischer Staatsbürger, er habe sich keiner Wettbewerbsprüfung unterzogen und seine Lehren stifteten zur Verletzung des Strafgesetzes an. Akademische Lehrfreiheit bedeute nicht akademische Zügellosigkeit. Außerdem scheine es so, daß Russell das verwerfliche Verbrechen der Homosexualität befürworte. Dieser Vorwurf war damals besonders gefährlich. Die Mitglieder des Ausschusses wurden unter Druck gesetzt, und die Berufung wurde tatsächlich rückgängig gemacht. Dazu John Dewey: «Als Amerikaner können wir nur vor Scham erröten über diesen Schandfleck an unserem Ruf für Fairness.»[116]

Durch diesen Ausgang des Verfahrens geriet Russell in eine schwierige Lage. Als das Trinity College von Cambridge ihn 1916 entließ, hatte er genug Geld zum Leben, 1940 in Amerika sah die Sache anders aus. Er war eine umstrittene Persönlichkeit geworden, niemand wollte ihn einstellen. Zudem konnte er kein Geld aus England bekommen. Der einzige, der wirklich etwas für ihn tat, war Dr. Albert Barnes, der Erfinder des Argyrols und Gründer der Barnes Foundation bei Philadelphia. Von Dr. Barnes erhielt Russell einen Fünfjahresvertrag, der ihn verpflichtete, in der Stiftung Philosophie zu lesen. Einstweilen bedeutete das die Rettung.

Der Sommer 1940 bot mir einen ungewöhnlichen Kontrast zwischen öffentlichem Schrecken und privater Freude. Wir verbrachten ihn in den Sierras, am Fallen Leaf Lake, nahe dem Lake Tahoe, einem der herrlichsten Orte, an den mich je mein gutes Glück geführt hat . . . Ich hatte ein winziges Arbeitszimmer, das kaum mehr als ein Schuppen war, und dort beendete ich meine «Inquiry into Meaning and Truth». Oft war es so heiß, daß ich splitternackt schrieb. Aber Hitze bekommt mir, und ich fand es nie zu heiß zum Arbeiten. [117]

Im Herbst konnte Russell noch in Harvard über William James Vorlesungen halten, da die Verabredung darüber noch vor dem Skandal in New York getroffen war. Die Vorlesungen an der Barnes Foundation begannen im Februar 1941. Die Russells mieteten sich ein Bauernhaus, ungefähr dreißig Meilen von Philadelphia entfernt, in einer schönen Umgebung. Bis Paoli, Endstation der Vorortzüge aus Philadelphia, waren es zehn Meilen. Dr. Barnes hatte mit seiner Erfindung ein großes Vermögen gemacht. Sein Geld legte er in Staatsanleihen an und wurde dann Kunstliebhaber. Er liebte Schmeicheleien und war streitsüchtig. Man hatte Russell gewarnt. Er hatte vorsichtshalber gleich einen Fünfjahresvertrag geschlossen. Tatsächlich erhielt er am 28. Dezember 1942 von Dr. Barnes einen Brief, in dem dieser ihm mitteilte, daß seine Anstellung mit dem 1. Januar beendet sei: Er habe sich nicht genügend auf seine Vorlesungen vorbereitet, die noch dazu oberflächlich und schablonenhaft gewesen seien. Sie bestanden aus den ersten zwei Dritteln seiner *Geschichte der westlichen Philosophie.* Dr. Barnes kam vor Gericht nicht durch, legte aber wiederholt Berufung ein, so daß sich der Fall in die Länge zog. Russell bekam tatsächlich das ihm zustehende Geld erst, als er schon wieder in England war. In den ersten Monaten des Jahres 1943 litt er unter Geldmangel. Er mußte sein schönes Bauernhaus vermieten und in eine Hütte ziehen, in der sonst ein farbiges Ehepaar wohnte. Die Hütte war eng, die Öfen waren unhandlich, und Conrad konnte jedes Wort hören, das die Eltern miteinander sprachen, auch über Dinge, die er besser nicht gehört hätte. Inzwischen klang der Wirbel um das City College ab, der Vorlesungsboykott wurde durchbrochen, zunächst von Bryn Mawr, sodann auch von New York. Die *Geschichte der westlichen Philosophie* war fast vollendet, Russell erhielt von seinem Verleger Simon & Schuster 2000 Dollar Vorschuß, und so waren die Studienplätze seines Sohnes John in Harvard und Kates in Radcliffe gesichert. Die *Ge-*

schichte der westlichen Philosophie wurde ein Erfolg und viele Jahre hindurch Russells Haupteinnahmequelle. Der Eintritt Japans in den Krieg machte sich in Russells Haushalt bemerkbar. Dank ihrer hausfraulichen Talente gelang es Peter zwar, die Probleme zu bewältigen, aber persönliche Spannungen zwischen den einzelnen Familienmitgliedern traten auf: «Mein Vater lebte wie ein Märtyrer mit ihr, bewies Zuneigung, ohne sie noch zu empfinden, versuchte fortwährend, ihren Unmut zu besänftigen. Noch und noch merkte ich, daß mein Vater für ihren Zorn zu tadeln war. Sie forderte, wie Hitler, immer weiter, solange sie keinen Widerstand fand, er fuhr fort, wie Chamberlain, sie zu beschwichtigen.»[118]

Kate konnte die Atmosphäre zu Hause kaum noch ertragen; ihr Vater hielt aus, vor allem mit Rücksicht auf Conrad.

Den letzten Teil ihrer Zeit in Amerika verbrachte die Familie in Princeton, wo sie in einem kleinen Haus am Seeufer wohnten. Dort lernte Russell auch Einstein gut kennen, ferner Gödel und Pauli, jüdische Emigranten, Kosmopoliten, mit einem deutschen Hang zur Metaphysik. Die Gesellschaft in Princeton war sehr angenehm und entschädigte Russell in gewisser Weise für seine sonstigen Enttäuschungen in Amerika. Sein Sohn John war nach England zurückgekehrt und in die britische Marine eingetreten, Kate studierte erfolgreich in Radcliffe und erhielt einen kleinen Lehrposten, aber dennoch wollte Russell so bald wie möglich nach England zurück. Nach einigen Schwierigkeiten gelang es ihm. Auch Peter und Conrad kamen im Mai 1944.[119]

Russell erhielt vom Trinity College in Cambridge eine Einladung für eine fünfjährige Professur, die er annahm. Mit ihr war ein Forschungsstipendium und das Recht auf Wohnung verbunden. Während er im College luxuriös untergebracht war, war es für Peter und Conrad schwer, eine Unterkunft zu finden. Sie hatten kaum genug zu essen. Erst als das Geld von Barnes eintraf, gegen den Russell seinen Prozeß gewonnen hatte, besserte sich die Situation. Er kaufte ein kleines Haus mit wunderschöner Aussicht in Ffestiniog (Nordwales) und nahm noch eine Wohnung in London dazu. Er verbrachte indessen viel Zeit auf dem Kontinent, wo er Vorträge hielt, ohne in diesen Jahren etwas Besonderes zu leisten. Während dieser Zeit hörte er auch wieder von seiner ersten Frau Alys. Er besuchte sie mehrmals und korrespondierte mit ihr bis zu ihrem Tod im Jahre 1951. Seine Tochter Kate war inzwischen ins heiratsfähige Alter gekommen und heiratete 1948 Charles Tait, der seinem Schwiegervater gefiel. An einem wunderschönen Sonnentag, als Peter gerade in London war, ging Russell mit seinem Sohn Conrad und dem jungen Paar ans Meer, und sie holten sich einen heftigen Sonnenbrand. Als Peter davon am Telefon hörte, hielt sie es nicht länger aus und sagte: «Wie töricht ihr alle seid!»[120]

Solche und ähnliche Vorfälle mögen dazu beigetragen haben, daß Peters Begeisterung für die Familie weiter abkühlte. Nach einem Flugzeugunfall vor der Küste Norwegens schrieb Russell seiner Frau im Oktober 1948: *Du wirst gewiß schon erfahren haben, daß ich heute in einen Unfall verwickelt gewesen bin – zum Glück geschah mir dabei nichts, außer daß ein Koffer verlorenging.* [121]

Es ist kaum anzunehmen, daß Peter solche Vorgänge mit einem ähnlichen philosophischen Gleichmut hinnahm wie ihr Mann. Schließlich riß ihr der Geduldsfaden. Russell berichtet lakonisch darüber: *Als meine Frau sich 1949 entschied, sie habe genug von mir, fand unsere Ehe ihr Ende.* [122]

Das war also der Schlußstrich unter eine dreizehnjährige Verbindung, die anfangs sehr glücklich gewesen war. War es die «Hexenjagd» in Amerika, waren es die Auswirkungen des Krieges, die Verschiedenheit der Charaktere, die Belastung durch die heranwachsenden Kinder oder einfach die langsame Ernüchterung Peters, die auch Russells dritte Ehe zerbrechen ließen? Schon beim Aufenthalt in Amerika zeigte sich jedenfalls deutlich, daß Peter in mancher Hinsicht überfordert war. Sie, die allzeit hilfsbereite junge und lebenslustige Frau brauchte am Ende selbst seelischen Beistand, den ihr natürlich weder Russell noch seine Tochter Kate geben konnten. Kate war so sehr in eigene Probleme verstrickt, daß ihr Vater sie zum Psychiater schicken mußte. Er selbst hatte sich in den Kriegsjahren gewandelt. Nach seiner Rückkehr aus Amerika waren seine Ansichten nicht mehr die gleichen wie vorher. Die Sorge um das Wohl der Menschheit verdrängte sein persönliches Glücksstreben immer mehr. Der Glanz, den sich Peter wahrscheinlich an der Seite eines berühmten Mannes erhofft hatte, war bislang ausgeblieben, und das, obwohl ihr Mann auf die achtzig zuging. Peters Zeit mit Russell bestand, nach anfänglich glücklichen Jahren, in einer Reihe von schweren Krisen und Nöten. Es erscheint daher verständlich, wenn die Kräfte dieser tapferen Frau, physische wie psychische, an der Grenze der Erschöpfung angelangt waren, doch es gab einen wesentlichen Unterschied: Hatte bei seiner ersten und zweiten Ehe er den Schlußstrich gezogen, war es diesmal die Frau, die genug hatte. Die Ehe mit Peter hatte ihm einen Sohn beschert, der jetzt zwölf Jahre alt war. Was sollte aus dem Kind werden, dessen Geburt Russell so glücklich gemacht hatte? Er mußte es erleben, daß sich Conrad gegen ihn entschied und nichts mehr mit ihm zu tun haben wollte. In einem der letzten Briefe seiner ehemaligen Frau Alys klingt der Kummer des alten Mannes an: «Über Deinen grausamen privaten Gram, nun Conrad nicht mehr zu sehen, habe ich nichts gesagt . . . Ich fühle sehr mit Dir, doch hoffe ich, daß Dir die ‹Eroberung des Glücks› irgendwie gelingen wird.» [123]

Der Zweite Weltkrieg

Nach dem Ersten Weltkrieg hatte Russell eine Schwenkung vom öffentlichen zum Privatleben vollzogen. Sein Einsatz für Wohl und Frieden der Menschheit hatte ihn seine Stellung in Cambridge gekostet und ihn schließlich ins Gefängnis gebracht. Bei einer pazifistischen Kundgebung war er um Haaresbreite dem Tod durch die Lynchjustiz des Pöbels entgangen. Das alles nötigte ihm die Erkenntnis ab, daß sein selbstloser Einsatz kein einziges Menschenleben gerettet und den Krieg nicht um fünf Minuten verkürzt hatte. Wenn er schon für das Wohl der Menschheit nichts tun konnte, wollte er sich doch ein persönliches Glück erobern. Aber auch das mißlang ihm in seiner zweiten Ehe mit Dora Black. Seine dritte Ehe mit Peter war nicht zuletzt durch die indirekten Einwirkungen des Krieges in eine schwere, tödliche Krise geraten. Russell hatte den Zweiten Weltkrieg vorhergesehen und vorhergesagt. Es war ihm einfach nicht möglich, von der Insel eines privaten Glücks aus der Selbstzerstörung der Menschheit zuzusehen. Die Sorge um das Wohl der Menschheit lastete mit dem Gewicht einer höheren Verantwortung auf ihm. Er sah ein, daß gegenüber Hitler-Deutschland kein Pazifismus angebracht war, und dennoch versuchte er bis zum Schluß, Wege zum Frieden zu finden und aufzuzeigen. Aus den Briefen an Gilbert Murray vom Frühjahr 1937 bis zum Frühjahr 1942 geht deutlich hervor, wie er nach und nach seine pazifistische Einstellung aufgab. 1937 schrieb er noch:

Spanien hat viele vom Pazifismus abgebracht. Ich selbst habe es sehr schwer gefunden, um so mehr, als ich Spanien, die meisten Orte, wo gekämpft wurde, und das spanische Volk kenne und mich die spanische Frage zutiefst erregt. Mit der Tschechoslowakei würde es mir gewiß nicht anders ergehen, und da ich Pazifist geblieben bin, als die Deutschen 1914 nach Frankreich und Belgien einmarschierten, sehe ich nicht, warum ich aufhören soll, einer zu sein, wenn sie es wieder tun. Daß wir damals eine Kriegspolitik verfolgt haben, hat kein so erfreuliches Ergebnis gebracht, daß ich mir eine Wiederholung wünschte. Du glaubst: «Man muß ihnen Einhalt gebieten». Ich glaube, wenn wir ihnen Einhalt zu gebieten versuchten, würden wir allmählich genauso wie sie, und die Welt hätte nichts gewonnen. Und wenn wir sie schlagen, werden wir rechtzeitig jemanden

Russell mit seiner Frau Peter und den Kindern Conrad, Kate und John

hervorbringen, der um so viel schlimmer sein wird, als Hitler schlimmer ist als der Kaiser. In alledem sehe ich keine Hoffnung für die Menschheit.[124]

Drei Jahre später heißt es dagegen:

Ich stelle fest, daß ich in diesem Krieg meine pazifistische Einstellung nicht beibehalten kann. Ich bin mir des Gegenteils nicht sicher genug, um irgendeinen Widerruf zu veröffentlichen, obwohl es dazu kommen mag. Auf jeden Fall kann ein Engländer hier in Amerika nur seinen Mund halten, und was er auch äußert, wird als Propaganda abgestempelt. Was ich sagen wollte, ist, daß sich meine Meinung nicht so sehr von der Deinen unterscheidet wie 1914, obwohl ich immer noch glaube, daß ich damals recht hatte, insofern, als dieser Krieg ein Ergebnis von Versailles ist, was wiederum ein Ergebnis moralischer Entrüstung war.[125]

Ein Jahr später sah Russell die Situation wiederum mit anderen Augen:

Rußland wird meiner Meinung nach die größte Schwierigkeit sein, besonders, wenn es schließlich auf unserer Seite steht. Ich hege keinen Zweifel, daß die Sowjetregierung noch schlimmer ist als die Hitlers, und es wäre ein Unglück, wenn sie überlebte.[126]

Ungefähr ein halbes Jahr später stellte Russell das Problem in einen größeren, welt- und geistesgeschichtlichen Rahmen:

Ich würde Sozialismus in seinen milderen Formen als eine natürliche Weiterentwicklung der christlichen Tradition ansehen. Aber Marx gehört als Apostel der Spaltung zu Nietzsche, und unglücklicherweise hat der Marxismus unter den Sozialisten gesiegt. Die romantische Bewegung ist eine der Quellen des Übels; weiter zurück, Luther und Heinrich VIII. Ich sehe nicht viel Hoffnung in der nahen Zukunft. Zuerst muß ein Weltstaat kommen, dann ein augusteisches Zeitalter, dann ein langsamer undramatischer Verfall . . . Es scheint mir, daß alles Gute im Christentum entweder von Platon oder von den Stoikern kommt. Die Juden trugen schlechte Geschichte bei; die Römer Kirchenregierung und Kanonisches Recht. Ich mag die englische Kirche, weil sie die reinste platonische Form des Christentums ist. Katholizismus ist zu römisch, Puritanismus zu jüdisch.[127]

Russell erkannte während und nach dem Zweiten Weltkrieg ganz klar, welche Gefahren der Menschheit sowohl vom faschistischen als auch vom kommunistischen Imperialismus aus drohten. Während der vierziger und Anfang der fünfziger Jahre befand sich sein Gemüt in Verwirrung und Aufregung. Verhängnisvolles Wettrüsten und schließlich ein alles verheerender Atomkrieg zeichneten sich am Horizont der Weltgeschichte ab. Kommunisten warfen ihm vor, er habe, obwohl er Pazifist sei, einen Präventivkrieg propagiert. In seiner folgenden Antwort auf diesen Vorwurf trifft er den Kern des Problems:

Es scheint verlorene Liebesmüh, wenn ich nun schon bis zum Überdruß immer wieder erkläre, daß ich durchaus kein Pazifist bin, sondern einigen Kriegen – sehr wenigen! – Berechtigung zubillige ja diese Kriege sogar für notwendig halte. Meistens werden solche Kriege deshalb unumgänglich, weil man nicht versucht hat, einer offensichtlich üblen Entwicklung Einhalt zu gebieten, solange dies noch mit friedlichen Mitteln zu bewerkstelligen gewesen wäre.[128]

Sein politisches Schrifttum dieser Zeit befaßt sich vor allem mit den Problemen Individuum–Gesellschaft, Herrschaft, soziale Gerechtigkeit, Kriegsverhütung bzw. Friedenssicherung, Widerstandsrecht und Weltregierung. Besondere Fragen betreffen Indien, Deutschland, den Zionismus, Englands Abhängigkeit von den USA, die Kooperation mit Sowjetrußland, das Verhältnis der Engländer zu den Amerikanern, Europa, das Atomzeitalter, das Überleben, Furcht und Fanatismus sowie China. Die philosophischen und wissenschaftlichen Arbeiten Russells in dem Jahrzehnt von 1940 bis 1950 behandeln wir im nächsten Kapitel. Auf der Grenze zwischen philosophischer und politischer Problematik könnte man einige Beiträge zur Pädagogik sehen, die das College betreffen, den Lehrer, die internationale Universität, Nachkriegserziehung sowie internationale Verständigung. An größeren Veröffentlichungen sind

Macht und Persönlichkeit (1949) und die *Unpopulären Betrachtungen* (1950) zu nennen. Der erste Aufsatz der *Unpopulären Betrachtungen* befaßt sich mit Philosophie und Politik. Er läßt eine Art Gleichgewicht erkennen, das sich zwischen philosophischen und politischen Fragen in diesem Zeitraum hergestellt hat. Es handelt sich um einen Sammelband von etwa zehn Beiträgen, die sich unter anderem mit der Zukunft der Menschheit befassen, mit den Motiven der Philosophie, mit Ideen, die der Menschheit geholfen, und solchen, die ihr geschadet haben, und mit berühmten Männern, die Russell kannte. Am Ende steht eine schon 1936 zum erstenmal veröffentlichte Todesanzeige von sich selbst, die Humor und stellenweise Sarkasmus zeigt.[129]

Über Entstehung und Sinn von *Macht und Persönlichkeit* berichtet Russell selbst in seiner Autobiographie.[130]

Trinity College

Das kleine Haus bei Ffestiniog in Nordwales, das Russell 1949 kaufte

Als er 1944 aus Amerika nach England zurückkam, genoß er zunächst das Klima größerer Freiheit und Toleranz. Die BBC forderte ihn zur ersten Serie der «Reith Lectures» auf. Da er besonders die Redefreiheit hoch schätzte, wählte er *Macht und Persönlichkeit* zum Thema. Es ging ihm dabei vor allem um das Problem individueller Freiheit in der Industriegesellschaft, um die Verbindung von persönlicher Initiative und sozialem Zusammenhalt. Wenn die Gesellschaft den Menschen Gerechtigkeit, Sicherheit und Fortschritt garantieren will, bedarf es sowohl des Staates als auch individueller Freiheit. Sicherheit in internationalen Fragen kann auf lange Sicht nur eine Weltregierung gewährleisten.

Zu Beginn des Jahres 1950 verlieh ihm der König im Buckingham Palace den Order of Merit, den Verdienstorden. Russell schätzte diese Ehrung hoch. Im Februar folgte er einer Einladung der Sorbonne und hielt dort einen Vortrag über das Thema *Das Individuum und der moderne Staat*. Das Australian Institute of International Affairs lud ihn im Sommer 1950 zu einer Vortragsreise an mehreren Universitäten ein. Er sprach dort über Themen im Zusammenhang mit dem Kalten Krieg.

Die Australier waren mir sympathisch, und ich war beeindruckt, wie groß dieses Land war, in dem man per Funk gewöhnliche Privatgespräche führte oder sich Klatsch mitteilte. Bedingt durch die Weite dieses Landes und die relative Isoliertheit der Menschen, gab es beeindruckend viele und gute Bibliotheken und Buchhandlungen; hier lasen die Leute mehr als anderswo . . . Am Ende meines Aufenthaltes wurde mir ein wunderschön gebundenes Buch geschenkt, das lauter Zeitungsausschnitte enthält. Mir ist dieses Geschenk noch heute lieb und wert, obwohl mir vieles von dem, was Journalisten als meine Aussprüche über mich selbst ausgeben, nicht gefällt.[131]

Auf dem Rückflug über Singapur, Karatschi und Bombay setzte sich Russell in Singapur für den Rückzug Großbritanniens aus Asien ein und für die Bildung eines neutralen asiatischen Blocks unter Führung Pandit Nehrus. Nach seiner Rückkehr aus Australien reiste er bald weiter in die Vereinigten Staaten. Dort sollte er an einem angesehenen Mädchencollege in New England einen kurzen Philosophiekurs halten. Anschließend fuhr er nach Princeton, wo er einen Vortrag hielt und alte Freunde wiedersah, zum Beispiel Albert Einstein. In Princeton erhielt er die Nachricht, daß ihm der Nobelpreis verliehen war. In New York hielt er dann noch drei Vorlesungen an der Columbia University. Der Andrang zu Russells Vorlesungen war ungewöhnlich groß.

Waren die Schwierigkeiten, welche mir 1940 in New York aus dem Thema Sexualmoral erwachsen waren, auch verweht, bestand für meine Hörer immer noch die Erwartung, sie möchten etwas vernehmen, das in den Ohren orthodoxer Älterer schockierend klingen würde. Meine Erörterung der wissenschaftlich kontrollierten Zeugung war diesbezüglich ergiebig. Für jene Bemerkungen zustimmenden Applaus zu erhalten, die mir bei früherer Gelegenheit allgemeine Ächtung erworben hatten, war eine durchaus angenehme Erfahrung.[132]

Das Jahr 1950 bedeutete für Russell nicht nur in England und Amerika volle Rehabilitierung, vielmehr erreichte sein Ruhm in diesem Jahr mit der Verleihung des Nobelpreises in Stockholm den Zenit. Er erhielt den Nobelpreis für Literatur, und zwar für sein Buch *Ehe und Moral*.

Russell hatte den Nobelpreis für Literatur erhalten, obwohl er bis dahin kein eigentlich literarisches Werk verfaßt hatte. Seine erste Sammlung von fünf Kurzgeschichten erschien 1953 unter dem Titel *Satan in den Vorstädten*. Wir wollen in diesem Zusammenhang sowohl kurz auf

Bertrand Russell, 1950. In diesem Jahr erhielt er den Nobelpreis

seine literarischen Produktionen eingehen als auch auf einige jener Werke politischen Inhalts, die in der Nachkriegssituation entstanden und eine Zeit des Umbruchs reflektieren. Dazu gehören *Neue Hoffnung für unsere Welt* (1951), *Wissenschaft wandelt das Leben* (1952), *Das Alphabet des guten Bürgers* (1953) sowie *Moral und Politik* (1954).

Im ersten Teil von *Neue Hoffnung für unsere Welt* befaßt sich der Autor mit dem Menschen und der Natur, im zweiten mit Mensch und

Mensch, im dritten mit dem Menschen an und für sich. Zunächst diagnostiziert er weltweite Ratlosigkeit und unterscheidet dann, den Hauptteilen des Buches entsprechend, drei Arten von Konflikten. Der Mensch wurde zwar Herr der Natur, lernte aber auch die Grenzen seiner Macht kennen. Alle Völker auf dieser Erde könnten die Vorzüge der westlichen Zivilisation genießen, wenn es gelänge, die Geburtenkontrolle auf sie auszudehnen. Das Buch schließt mit der großartigen Vision einer besseren Welt.[133]

Das Buch *Wissenschaft wandelt das Leben* basiert auf Vorlesungen, die ursprünglich am Ruskin College in Oxford gehalten wurden. In ihm findet sich eine nicht weniger eindrucksvolle Vision im Hinblick auf das Schicksal der Menschheit:

Ich möchte vor allem jene bestimmte Art lethargischer Verzweiflung hervorheben, die heute nicht ungewöhnlich ist, und betonen, daß sie auf Irrationalem basiert. Die Menschheit befindet sich heutzutage in der Lage eines Mannes, der einen schwierigen und gefährlichen Felsen besteigt; am Ende dieses Weges liegt ein Plateau mit den herrlichsten Bergmatten. Mit jedem Schritt wird aber sein möglicher Absturz schrecklicher, und da der Kletterer mit jedem Schritt mehr ermattet, wird der Aufstieg auch immer schwieriger. Endlich hat er nur mehr einen Schritt vor sich, da er jedoch über die überhängenden Felsen nicht hinwegsehen kann, weiß er dies nicht. Er ist so sehr erschöpft, daß er nur noch ruhen möchte. Läßt er aus, dann findet er diese Ruhe im Tode. «Nur noch eine einzige Anstrengung, vielleicht ist es schon die letzte, die du brauchst», ruft die Hoffnung, und die Ironie erwidert: «Dummkopf! Hast du denn nicht all die Zeit der Hoffnung gelauscht? Sieh doch bloß, wohin sie dich gebracht hat!» – «Wo Leben ist, da ist auch Hoffnung!» sagt der Optimismus. «Wo Leben ist, da ist Pein!» murrt der Pessimismus. Unternimmt der erschöpfte Kletterer noch eine Anstrengung mehr? Oder läßt er sich in den Abgrund zurückfallen? Diejenigen unter uns, die in einigen Jahren noch am Leben sind, werden die Antwort erfahren![134]

In dem Bild zeigt sich die große, künstlerische Gestaltungskraft der Sprache Russells. Solche Abschnitte sind Perlen der philosophischen Weltliteratur und sollten in keiner Darstellung der Russellschen Philosophie fehlen. Das Buch *Moral und Politik* soll den «Optimismus» der *Neuen Hoffnung für unsere Welt* vertiefen und zugleich kritisch überprüfen. So befaßt er sich in der ersten Hälfte mit den Grundbegriffen der Moral, in der zweiten mit ihrer Anwendung auf die politische Praxis.

Meine prinzipielle Annahme war der Leitgedanke, Ethik sei ein Derivat der Leidenschaften und es gäbe keine bündige Methode, um von den Leidenschaften aus zur Erkenntnis zu gelangen, was denn eigentlich zu tun und zu lassen sei. Ich eignete mir David Humes Maxime an: «Die Vernunft ist und soll bloß der Sklave der Leidenschaften sein.» Dies befriedigt mich zwar nicht, ist jedoch das Beste, das mir gelingt . . . Mehr zu

Albert Einstein

sagen, sehe ich mich außerstande . . . Wer glücklich werden will, wird versuchen, sein Leben von einer möglichst großen Zahl «kompossibler» Wünsche beherrschen zu lassen. Theoretisch betrachtet, gewährt solch eine Lehre keine endgültige Lösung. Mit der Annahme, Glück sei besser als Elend, zeitigt sie ein unbeweisbares Prinzip der Ethik . . . Die Menschen sind, wie die niederen Tiere, von Natur aus mit Leidenschaften ausgestattet, und es fällt ihnen schwer, diese Leidenschaften miteinander in Einklang zu bringen, zumal wenn sie ihr Leben in einer eng verflochtenen Gemeinschaft verbringen. Die Kunst, damit fertig zu werden, heißt Politik. Ohne sie wäre der Mensch gleich einem Wilden außerstande, in zivilisierter Gesellschaft zu leben.[135]

Mit dem *Alphabet des guten Bürgers* nähern wir uns den literarischen Versuchen Russells. Das Büchlein wurde von Franziska Themerson illustriert. Es erläutert in alphabetischer Reihenfolge Grundbegriffe des täglichen Lebens und soll eine Lücke im Bildungssystem füllen. So ist zum Beispiel ein *B*olschewik jemand, dessen Meinungen ich ablehne. *C*hristlich heißt soviel wie den Evangelien zuwider, Freiheit (*l*iberty) das Recht, der Polizei zu gehorchen.

Das *Alphabet des guten Bürgers* ist in den *Gesammelten Geschichten von Bertrand Russell* abgedruckt.[136] Das Buch enthält außerdem Anek-

103

doten und Alpträume, kurze Geschichten und längere sowie Vermischtes. Von den längeren Geschichten sind *Satan in den Vorstädten* und *Zahatopolk* weithin bekannt geworden. Die *Alpträume bedeutender Persönlichkeiten* zeigen uns geheime Ängste, von denen große Menschen im Schlaf gepeinigt werden. Zu den Träumern zählen unter anderen ein Psychoanalytiker, ein Metaphysiker, ein Existentialist, ein Theologe und ein Mathematiker sowie Stalin und Eisenhower.

Köstlich ist auch eine dort abgedruckte liberale Version der Zehn Gebote. Das erste fordert: Fühle dich keiner Sache absolut sicher!, das zehnte: Beneide nicht das Glück derer, die in eines Narren Paradies leben, denn nur ein Narr wird es für Glück halten!

Geschichte
der westlichen Philosophie

Albert Einstein urteilte über die *Geschichte der westlichen Philosophie* («Philosophie des Abendlandes») 1946:

«Bertrand Russells ‹Geschichte der Philosophie› ist eine köstliche Lektüre. Ich weiß nicht, ob man die köstliche Frische und Originalität oder die Sensitivität der Einfühlung in ferne Zeiten und fremde Mentalität bei diesem großen Denker mehr bewundern soll. Ich betrachte es als ein Glück, daß unsere so trockene und zugleich brutale Generation einen so weisen, ehrlichen, tapferen und dabei humorvollen Mann aufzuweisen hat. Es ist ein in höchstem Sinne pädagogisches Werk, das über dem Streite der Parteien und Meinungen steht.»[137]

Äußerlich gesehen war die *Geschichte der westlichen Philosophie* ein Gelegenheits- bzw. Zufallswerk. Sie entstand aus Vorlesungen, die Russell an der Barnes-Stiftung hielt. Aber darin erschöpft sich ihre Bedeutung weder im Hinblick auf die Sache noch auf die Entwicklung seines Denkens. Entwicklungsgeschichtlich steht das Werk, ähnlich wie seinerzeit die *Principia Mathematica*, am Ende einer Phase der inneren Entwicklung Russells. Wie die *Principia Mathematica* die vorwiegend logisch-mathematische Phase seines Denkens abschlossen, krönt die *Geschichte der westlichen Philosophie* die im engeren Sinn philosophische Phase seiner Entwicklung. Einstein spricht zu Recht von der Originalität des Werkes, der Sensitivität des Autors, seinem Einfühlungsvermögen und seiner Erhabenheit über den Streit der Parteien und Meinungen. Die *Geschichte der westlichen Philosophie* ist zwar nicht das letzte philosophische Werk Russells – dies ist: *Das menschliche Wissen, Umfang und Grenzen* (1948) –, aber es liegt wie dieses am Übergang von seiner philosophischen Phase zur historisch-politischen und umfaßt in gewisser Weise die gesamte philosophische Problematik, mit der sich Russell, besonders in seinem mittleren Schaffensabschnitt, auseinandergesetzt hatte. Die Arbeit über *Das menschliche Wissen, Umfang und Grenzen* entstand denn auch nur wenige Jahre nach der *Geschichte der westlichen Philosophie*, gegen Ende des Zweiten Weltkriegs. Je weiter die Arbeit an der *Geschichte der westlichen Philosophie* voranschritt, um so mehr Gefallen fand der Verfasser an ihr. Im Bryn Mawr College nützte er besonders die Gelegenheit, sein Wissen über die frühchristliche Philosophie zu vervollständigen. Russells Philosophiegeschichte gehört zu den wenigen Werken, die der mittelalterlichen Philosophie, schon rein vom Quantitativen, zu genügen suchen.

Ich betrachtete den ersten Teil meiner «History of Western Philosophy» als Kulturgeschichte, doch in den späteren Teilen, wenn die Wissenschaft Bedeutung erlangt, ist es schwieriger, sich in den Rahmen einzupassen. Ich tat mein Bestes, aber ich bin keineswegs sicher, ob es mir gelang. Es wurde mir manchmal von Kritikern vorgeworfen, keine wirkliche Geschichte geschrieben zu haben, sondern einen tendenziösen Bericht von Ereignissen, die ich willkürlich ausgewählt hätte. Aber meiner Meinung nach kann ein Mensch ohne Tendenz keine interessante Geschichte schreiben – wenn es wirklich einen solchen Menschen gibt. Ich halte es für baren Unsinn vorzugeben, man sei nicht voreingenommen. Außerdem sollte ein Buch, wie jedes andere Werk, von seiner These zusammengehalten werden. Ein Buch, das aus den Essays verschiedener Autoren besteht, ist daher als Ganzes eher weniger interessant als das Buch eines einzelnen. Da ich nicht zugeben kann, daß es einen Menschen ohne Vorlieben gibt, glaube ich, daß man bei der Abfassung einer ausführlichen Geschichte am besten seine Tendenz gesteht und unzufriedene Leser sich nach Autoren mit einer entgegengesetzten Tendenz umsehen. Welches Vorurteil der Wahrheit näherkommt, muß der Nachwelt überlassen bleiben.[138]

Russells Meinung, daß ein Buch eine Tendenz haben müsse, wird man nicht ohne weiteres teilen. Leider gibt er aber auch nicht an, worin diese einheitliche, das gesamte Werk durchdringende Tendenz bestehen soll, es sei denn, sie besteht in jener Wahrheitsliebe, auf die er sich am Schluß seines monumentalen Werkes beruft: *Im Chaos der widerstreitenden fanatischen Überzeugungen ist eine der wenigen einigenden Kräfte die wissenschaftliche Wahrheitsliebe; ich verstehe darunter die Gepflogenheit, unseren Glauben auf Beobachtungen und Schlüsse zu stützen, die so unpersönlich und von Veranlagung und Umgebung so unbeeinflußt sind wie nur menschenmöglich. Die Einführung dieses Verfahrens in die Philosophie durchgesetzt und eine brauchbare Methode, sie fruchtbar zu machen, gefunden zu haben, sind die Hauptverdienste der philosophischen Schule, der ich angehöre.*[139]

Diese Art der Wahrheitsliebe, verstanden als Streben nach Objektivität, schließt Tendenz-Philosophie weitgehend aus. Tatsächlich liegen die Vorzüge der *Geschichte der westlichen Philosophie* weniger in dem Vorhandensein einer Tendenz oder einer völlig tendenzlosen, objektivistischen Betrachtungsweise, sondern in ihrem Ideenreichtum, wenn man will: in der Mannigfaltigkeit der Tendenzen sowie in dem bei ganz wenigen Geschichten der Philosophie festzustellenden Versuch, die soziologischen und psychologischen Bestimmungsgründe einer Philosophie herauszuarbeiten. Im Ideenreichtum und in dieser «Tendenz» bestehen aber, wie es das Urteil von Einstein bestätigt, die Vorzüge der Darstellung Russells. Philosophie ist nach ihm im Niemandsland zwischen Theologie und Wissenschaft beheimatet. Da die Wissenschaft ziemlich alle Fragen von größtem Interesse für spekulative Köpfe nicht zu beantworten vermag und die Theologie unglaubwürdig geworden ist, muß hier die Philosophie einspringen. Philosophie muß dem modernen Menschen, der sich kosmisch verlassen vorkommt, einen Weg zeigen, wie man ohne Gewißheit leben kann, ohne von Unschlüssigkeit gelähmt zu werden. War das griechische Denken bis zu Aristoteles von religiöser und patriotischer Hingabe an die Polis beherrscht, verstärkt das Christentum die gelegentlich auch schon im Altertum, so bei Sokrates, auftretende Anschauung, der Mensch habe Gott mehr zu gehorchen als dem Staat. Nachdem Barbareneinfälle für sechs Jahrhunderte der westeuropäischen Kultur ein Ende bereitet hatten, lebte der Gegensatz von Pflichten des Menschen gegenüber Gott und der weltlichen Herrschaft wieder auf. Die Kirche wurde zum Hort der Tradition und der fortschrittlichsten Kultur der Zeit. Die weltliche Macht lag in den Händen von germanischen Königen und Adeligen, die ihre Privilegien zu behaupten suchten. Dennoch zogen sie im Kampf gegen die Kirche schließlich den kürzeren. Die Reformation zerstörte dann die Einheit des Christentums und die scholastische Herrschaftstheorie, in deren Mittelpunkt der Papst stand. Es entstanden die Nationalstaaten, erlangten politische Macht und wurden aufgewertet. Ein erbittertes Ringen um Macht, ein Krieg aller gegen alle setzte ein. Machiavelli und Montaigne sind die geistigen Exponenten dieser Entwicklung. Die katholische Kirche bezog ihre Stärke aus drei Kraftquellen: aus ihrer heiligen Geschichte jüdischen Ursprungs, aus ihrer Theologie griechischer Provenienz und ihrer Verfassung, ihrem kanonischen Recht, die sie von Rom übernommen hatte. Die Reformation verwarf nach Russell die römischen Elemente, milderte die griechischen und betonte die jüdischen stark. Sie wirkte zugunsten der nationalistischen Kräfte. In der neuzeitlichen Philosophie seit Descartes setzte sich dann der Individualismus und später, über Berkeley, Kant und Fichte der Subjektivismus durch. Mit dem philosophischen Subjektivismus ging der politische Anarchismus Hand in Hand. Das fortgeschrittene Stadium dieser Entwicklung repräsentieren Byron, Carlyle und Nietzsche. Locke bewegt sich dagegen auf einer mittleren, liberalistischen Linie, die einen Kompromiß zwischen dem Bereich der Regierung und der Sphäre des Einzelmenschen anstrebt. Andere Denker wie Hobbes, Rousseau und Hegel verherrlichten den Staat. Ihren Lehren entsprach die Praxis von Cromwell, Napoleon und dem Deutschland in der ersten Hälfte des 20. Jahrhunderts.

Im strengen Sinn ist Jean-Jacques Rousseau (1712–78) kein Philosoph. Dennoch übte er einen starken Einfluß auf Philosophie, Literatur, Geschmack, Sitten und Politik aus. Ein einziges Mal verzichtete Kant auf seinen allabendlichen Spaziergang, als er Rousseaus «Émile» gele-

Voltaire.
Büste von Jean-Antoine Houdon

Jean-Jacques Rousseau.
Büste von Jean-Antoine Houdon

sen hatte. Bei Locke und Rousseau scheiden sich die Geister. Rousseau kommt bei Russell ziemlich schlecht weg. Die Kluft zwischen Voltaire und Rousseau war unüberbrückbar. Voltaire behandelte Rousseau als bösartigen Irren, Rousseau verleumdete Voltaire als bösartigen Atheisten. Nach Russells Meinung bedeutete die Ablehnung der Vernunft zugunsten des Herzens keinen Fortschritt. Hätte er zwischen Rousseau und Thomas von Aquin zu wählen, würde er sich ohne zu zögern für Thomas entscheiden. Rousseaus Lehren zielen auf eine Rechtfertigung des totalitären Staates ab. Vieles von Rousseaus Philosophie konnte Hegel für seine Verteidigung der preußischen Aristokratie gebrauchen. Das erste praktische Ergebnis seiner Lehre war die Herrschaft Robespierres. Die Diktaturen in Rußland und Deutschland sind teilweise Auswirkungen der Lehren Rousseaus. Immanuel Kant (1724–1804) fühlte sich nach Russell mehr von Rousseau als von Hume angezogen. Kant war politisch wie religiös liberal, Anhänger der Demokratie. Kants Glaube an die Würde des Menschen und seine Friedensliebe stammen aus der liberalen Tradition. Er zwang seine Nachfolger entweder in die empiristische oder in die absolutistische Richtung. Die deutsche Philosophie bis nach Hegels Tod zog die absolutistische Richtung vor. Im 19. Jahrhundert ist die intellektuelle Vorherrschaft Deutschlands, die mit

Kant beginnt, ein neuer Faktor. Eine tiefe Kluft trennt in dieser Hinsicht Leibniz von Kant und den deutschen Idealisten, deren philosophische Spekulation die geistige Verfassung einer starken Nation widerspiegelt, die unglückliche Ereignisse ihres natürlichen Machtanteils beraubten. Preußentum und Protestantismus gingen ein Bündnis ein. Fichte und Hegel, Mommsen und Treitschke waren philosophische Wortführer Preußens. In der Philosophie Schopenhauers und Nietzsches erstarkte der Wille auf Kosten des Verstandes und der Vernunft: *Deutschland aber war schon immer mehr als jedes andere Land für das Romantische empfänglich gewesen; und so konnte es denn hier auch geschehen, daß die antirationale Philosophie des nackten Willens in der Regierung Ausdruck fand.*[140] Die Philosophie der Macht trennte die wenigen Mächtigen immer schärfer von der Masse der Ohnmächtigen.

Diese ganze geistige Einstellung ist neu, und es läßt sich unmöglich voraussagen, wie die Menschheit damit zurechtkommen wird. Sie hat schon zu ungeheuren Katastrophen geführt und wird auch in Zukunft zu Katastrophen führen. Ein philosophisches System aufzustellen, das einerseits dem von den Aussichten einer fast unbegrenzten Macht hervorgerufenen Rausch der Menschen, andererseits der Apathie der Machtlosen entgegenzuwirken vermag, ist die dringlichste Aufgabe unserer Zeit . . . Wer eine befriedigende moderne Ethik der menschlichen Beziehungen aufstellen will, muß vor allem die notwendigen Begrenzungen der menschlichen Macht über die außermenschliche Umwelt und die wünschenswerten Einschränkungen der Macht der Menschen übereinander klar erkennen.[141]

Solche Diagnosen gesellschaftlicher Neuentwicklungen und daraus abgeleitete Vorschläge, der Probleme Herr zu werden, gehören zu den Vorzügen der *Philosophie des Abendlandes.* Wie Georg Wilhelm Friedrich Hegels (1770–1831) System das Kantsche Denken voraussetzt, so setzt die Ideologie von Marx Hegels Vorarbeit voraus. Hegels Leben verlief ziemlich ereignislos. In seiner Jugend bewunderte er Napoleon und verachtete Preußen, später, als er selbst in Berlin lehrte, verherrlichte er Preußen. Seine Philosophie der Geschichte, wie die von Marx, verdrehen die Tatsachen und zeugen von Unwissenheit. Der Geist und seine Entwicklung bilden die Substanz der Geschichtsphilosophie. Alles Bedeutende tritt nach Hegel in Form von Kriegen auf. Bei ihm spielen die Völker die gleiche Rolle wie die Klassen bei Marx. Als überzeugter lutherischer Protestant huldigte er der erastianischen, absoluten Monarchie Preußens. Hegels Staatslehre rechtfertigt jegliche Tyrannei im eigenen Land und jede denkbare Aggression nach außen:

Seine große Voreingenommenheit in dieser Beziehung zeigt sich darin, daß seine Theorie in hohem Maße seiner eigenen Metaphysik widerspricht und daß all diese Widersprüche auf eine Rechtfertigung von Grausamkeit und internationalem Räubertum hinauslaufen. Es ist verzeihlich, wenn jemand zu seinem eigenen Bedauern durch die Logik zu

Schlüssen gezwungen wird, die er selbst mißbilligt; unentschuldbar aber ist es, wenn er von der Logik abweicht, um ungehindert Verbrechen befürworten zu können.[142]

Hatte sich Byron dem Satan ebenbürtig gefühlt, setzte er sich doch noch nicht mit Gott gleich. Diesen Grad von Überheblichkeit erreicht erst Nietzsche. In der Betonung des Willens knüpft er an Arthur Schopenhauer (1788–1860), den Lehrer seiner Jugendjahre, an. Die Lehre vom Primat des Willens wurde außer von Schopenhauer und Nietzsche auch von Bergson, James und Dewey vertreten. Die Unterordnung der Erkenntnis unter den Willen ist nach Russells Überzeugung eine der bedeutsamsten Wandlungen in der Philosophie unserer Tage. Mit Byron vertrat Friedrich Nietzsche (1844–1900) eine Art aristokratischen Anarchismus. Russell vergleicht Nietzsches Übermenschen mit Wagners «Siegfried». Das Christentum ist für Nietzsche eine Entartungserscheinung, ein Sklavenaufstand der Schlechtweggekommenen. Der höhere Mensch verkörpert in sich den Willen zur Macht. Er ist ein Wesen ohne jedes Mitgefühl, unbarmherzig, verschlagen, grausam und machtsüchtig bis zum Wahnsinn. Nietzsche kam nie auf den Gedanken, daß sein Machtstreben eine Folge der Angst sein könnte. Haß und Angst erfüllen ihn tatsächlich so, daß ihm Menschenliebe unmöglich erscheint. Da Geburtsaristokratien heute nicht viel gelten, blieben in der Praxis für Nietzsches Aristokratismus nur noch eine Form wie die Nazipartei und der Polizeistaat übrig. Statt Ehre und Treue setzten sich Haß, Mißtrauen und Denunziation durch. Die scheinbare Aristokratie der Übermenschen entartet zu einer feigen Mörderbande.

Ich für meinen Teil stehe auf der Seite Buddhas, so wie ich ihn mir gedacht habe . . . Ich mag Nietzsche nicht, weil er die Kontemplation des Leidens liebt, weil er den Eigendünkel zur Pflicht macht, weil die von ihm am meisten bewunderten Menschen Eroberer sind, die ihren Ruhm der Geschicklichkeit verdanken, mit der sie andere Menschen in den Tod schicken. Das letzte Argument gegen seine Philosophie wie gegen jede unerfreuliche, aber in sich konsequente Ethik ist nach meinem Dafürhalten nicht der Appell an Tatsachen, sondern der Appell an das Gefühl. Nietzsche lehnt die allumfassende Liebe ab; mir erscheint sie als die treibende Kraft, die allein alles bewirken kann, was ich für die Welt ersehne. Nietzsches Jünger haben ihre Chance gehabt, doch dürfen wir hoffen, daß es damit bald zu Ende sein wird.[143]

Begibt sich aber Russell, wenn er die Ethik Nietzsches mit Gefühlsargumenten ablehnt, nicht selbst auf jene Gefühlsebene, die er von Rousseau bis Nietzsche und Hitler abwärts führen sieht? Eine echte philosophische Kritik, die sowohl Nietzsches Schwärmerei als auch Russells Unterordnung der Vernunft unter die Affekte treffen würde, müßte bei einer Klärung der Verhältnisse von Vernunft und Gefühl beginnen, das heißt bei Platon.

110

Georg Wilhelm Friedrich Hegel.
Gemälde von Jack Schlesinger

Das dritte Buch der *Philosophie des Abendlandes* schließt mit der Behandlung von Henri Bergson (1859–1941), dem führenden französischen Philosophen unseres Jahrhunderts, William James (1842–1910), einem der führenden amerikanischen Philosophen und Psychologen gegen Ende des 19. Jahrhunderts, und John Dewey (1859–1952), mit dessen Lehren Russell in vielen Punkten übereinstimmte. Dewey war wie James Neu-Engländer und führte die Tradition des neu-englischen Liberalismus fort. Wie Russell, begab sich auch Dewey nach Rußland und China. Er urteilte, wie Russell, über das eine negativ, das andere positiv. Während aber Dewey einen Glauben nach seinen Wirkungen beurteilte, urteilte Russell, sofern es sich um ein Ereignis aus der Vergangenheit handelte, nach seinen Ursachen. Im einunddreißigsten und letzten Kapitel seines Werks gibt er einen kurzen Abriß seiner Philosophie der logischen Analyse. Da dieser Abschnitt jedoch zum Verständnis der Position Russells nicht ausreicht, wollen wir zum Schluß dieses Kapitels seine denkerische Entwicklung, speziell auf dem Gebiet der Erkenntnis-

John Dewey

theorie, an Hand einiger anderer Zeugnisse in großen Zügen rekonstru-
ieren. Es lassen sich dabei vier Phasen unterscheiden:

1. Der Exkurs in die deutsche, idealistische Philosophie endete 1898
mit einer antiidealistischen Revolte, mit einer Wendung zum Realismus
und Pluralismus. Weggenosse Russells in dieser Phase seiner Entwicklung war Moore.

2. Vom Realismus zur mathematischen Logik.

Es handelt sich dabei um eine allmähliche Entfernung von Pythagoras
und Platon. In den *Prinzipien der Mathematik* (1903) hielt Russell mathematische Wesenheiten noch für real, existent. Aber schon damals erkannte er, daß die Schwierigkeiten, die in dem Werk aufgetreten waren,
mit den Mitteln seines damaligen Denkens nicht lösbar waren. Einige
Probleme kommen in dem berühmten Artikel *Über Kennzeichnung*
(1905) zum Ausdruck. Eine wesentliche Hilfe in diesem Abschnitt seiner
Entwicklung war für Russell die Bekanntschaft mit Peano und seinem
Werk.

3. Von der mathematischen Logik zum logischen Atomismus.

In seinem Buch *Unsere Kenntnis von der äußeren Welt* (1914) wandte
Russell den Terminus *Logischer Atomismus* zum erstenmal an. Anstoß

zu dieser Entwicklung gab ihm die Begegnung mit Wittgenstein. Wie die Analyse des Physikers auf letzte, unteilbare Bausteine der Materie zurückführt, gelangt der Logiker zu letzten logischen Einheiten oder Atomen.

4. Vom logischen Atomismus zum neutralen Monismus.

Hauptgegenstände der Analyse sind in dieser Phase Geist und Materie, Individuum und Gesellschaft. In der *Analyse des Geistes* (1921) legt Russell dar, daß Geist und Materie keine letzten Realitäten sind, sondern logische Konstruktionen einer metaphysisch neutralen Grundgegebenheit. Die Hauptquellen dieser Entwicklung sind neben dem genannten Werk die Bücher *Eine Untersuchung von Bedeutung und Wahrheit* (1940) und *Das menschliche Wissen, Umfang und Grenzen* (1948), Russells letzte größere philosophische Arbeit. In der *Analyse des Geistes* untersucht er die Begriffe Bewußtsein, Instinkt, Gewohnheit, Verlangen, Gefühl, Wahrnehmung, Gedächtnis, Worte, Bedeutung, Ideen, Denken und Glauben, Wahrheit und Glauben, Wahrheit und Falschheit, Emotionen und Willen sowie psychologische und physikalische Gesetze. Er kommt zu dem Ergebnis, daß Physik und Psychologie es nicht mit grundverschiedenen Gegenständen zu tun haben, daß sich psychologische Kausalität in Subjektivität und Gedächtniszusammenhängen äußert, daß sich Gewohnheit, Gedächtnis und Denken aus der Kausalität des Gedächtnisses entwickeln, daß Bewußtsein ein Komplex ist und nicht die geistigen Phänomene schlechthin umfaßt, daß der Geist verschiedene Stufen aufweist und daß unsere Daten in Physik und Psychologie Gegenstand psychologischer Kausalität sind.

In der *Untersuchung von Bedeutung und Wahrheit* befaßt sich Russell vorwiegend mit sprachlichen und erkenntnistheoretischen Problemen, Worten, Sätzen, Objekt–Sprache, Eigennamen, Wahrnehmung und Erkenntnis, Prämissen und Propositionen, Wahrheit und Falschheit, Wahrheit und Erfahrung, Bedeutung und Verifikation, Analyse und Metaphysik.

Der Verfasser erklärt seine Vorliebe für die Vertreter des logischen Positivismus, unterscheidet seinen Standpunkt jedoch von ihrem durch das größere Gewicht, das er auf die Arbeiten von Berkeley und Hume legt. Das Buch gipfelt in dem Versuch, die Auffassungen Humes mit den Methoden zu verbinden, die sich aus der modernen Logik entwickelten. In dem Buch *Das menschliche Wissen, Umfang und Grenzen* erörtert Russell im ersten Teil die Welt der Wissenschaft, im zweiten die Sprache, im dritten Wissenschaft und Wahrnehmung, im vierten wissenschaftliche Begriffe, im fünften Wahrscheinlichkeit, im sechsten Postulate des wissenschaftlichen Schließens. Der Hauptzweck des Buches ist, die Beziehung zwischen individueller Erfahrung und wissenschaftlicher Erkenntnis im allgemeinen zu untersuchen.

Es kann hier nicht unsere Aufgabe sein, das komplizierte Geflecht von Thesen, Rücknahmen und neuen Thesen in Russells Philosophie der Logik, der Erkenntnis und Sprache im einzelnen zu entwirren. Wir beschränken uns abschließend auf die Darlegung einiger Grundüberzeugungen, an denen er, wie er selbst sagt, durch alle Abwandlungen seiner philosophischen Positionen festgehalten hat:

1. Wenn etwas wahr ist, muß die «Wahrheit» auf einer bestimmten Art von Beziehung zu den Tatsachen beruhen.

2. Die Welt besteht aus einer Mannigfaltigkeit von durch Beziehungen untereinander verbundenen Dingen.

3. Die Syntax unserer Sprache steht in einer bestimmten Beziehung zur Struktur der Tatsachen.

4. Alles, was über einen Komplex ausgesagt werden kann, läßt sich durch Aussagen über die Bestandteile des Komplexes und ihrer wechselseitigen Beziehungen zum Ausdruck bringen. Der Komplex als ganzes braucht nicht mehr erwähnt zu werden.

Des vierten Grundsatzes ist sich Russell nicht völlig sicher, will aber nur aus wirklich schwerwiegenden Gründen von ihm abweichen.

Auf die philosophische Gretchen-Frage: Was ist Wahrheit? antwortet er: *Jede Meinung bzw. Überzeugung, die sich nicht einfach in einem Impuls zum Handeln erschöpft, hat den Charakter eines Bildes, das mit einem Bejahungs- bzw. Verneinungsgefühl kombiniert ist. Wenn es mit einem Bejahungsgefühl kombiniert ist, ist es «wahr», wenn es eine Tatsache gibt, die zu dem Bild in der Art von Ähnlichkeitsbeziehung steht, die wir von der Ähnlichkeit zwischen einem Abbild und dem auf ihm Dargestellten kennen. Wenn das Bild mit einem Verneinungsgefühl kombiniert ist, ist es «wahr», wenn es eine derartige Tatsache nicht gibt. Und eine Meinung bzw. Überzeugung, die nicht wahr ist, nennen wir «falsch».*[144]

Vierte Ehe

Mit seiner ersten Frau war Russell sechsundzwanzig Jahre verheiratet, mit seiner zweiten fünfzehn und mit seiner dritten dreizehn. Seine vierte Ehe mit Edith Finch sollte siebzehn Jahre dauern. So war er ziemlich genau drei Viertel seines Lebens verheiratet. Auf die Frage eines Journalisten, was er von der Institution der Ehe halte, antwortete er: sehr viel; schließlich sei er viermal verheiratet gewesen. War es das erste Mal die Liebe auf den ersten Blick gewesen, die ihn mit Alys Pearsall Smith zusammenführte, beim zweitenmal der Wunsch nach Kindern und einer modernen Ehe, der zu seiner Heirat mit Dora Black führte, beim drittenmal die Schönheit und konservative Grundeinstellung von Patricia Helen Spence, die ihn zur Ehe bewogen, war es im vierten Fall eine tiefe innere, gegenseitige Zuneigung zwischen ihm und Edith Finch, die er 1952, im Alter von 80 Jahren, heiratete. Edith Finch hatte eine Biographie über Wilfried Scawen Blunt verfaßt. Sie gehörte einer alteingesessenen Familie New Englands an, die im 17. Jahrhundert nach Amerika ausgewandert war, und lehrte, wie ihre Freundin Lucy Donnelly, am Bryn Mawr College.

Über Russells Ehe mit Edith Finch berichtet seine Tochter Kate: «Ich weiß nicht, wie er ohne sie die persönlichen und die ganze Menschheit betreffenden Ängste überstanden hätte, die ihn in den letzten zwanzig Jahren seines Lebens quälten. Auf allen Fotos in Zeitungen, die ich von ihm sah, sitzend, stehend, marschierend, protestierend, stand Edith hinter ihm, in ihrem Mantel aus Leopardenfell, höflich, aber fest entschlossen, eine echte Helferin. Ich kenne Edith nicht sehr gut, denn ich war nicht oft in England während der Jahre, und sie ist so scheu wie ich, aber was ich von ihr kenne, schätze ich. Wenn ich vom Allmächtigen einen Menschen hätte erbitten können, der meinen Vater bis zum Ende seines Lebens begleitete, wäre es jemand wie Edith gewesen, ergeben, mutig und humorvoll.»[145]

Über sein Verhältnis zu Edith berichtet Russell selbst: *Durch die beiden vergangenen Jahrzehnte banger Ahnungen und Mahnungen hat mich vor allem eines gebracht: Ich verliebte mich in Edith Finch, und Edith verliebte sich in mich. Sie war eng mit Lucy Donnelly befreundet gewesen, die ich seit der Jahrhundertwende sehr gut kannte und während mei-*

ner Amerika-Aufenthalte in den dreißiger und vierziger Jahren immer wieder getroffen hatte. Lucy Donnelly war Professorin am Bryn Mawr College, wo auch Edith unterrichtete. Seitdem ich eine Cousine des Rektors geheiratet hatte, verbanden mich mit dieser Universität persönliche Bande. Diese Institution war auch die erste, von welcher der Boykott durchbrochen wurde, der nach der Entlassung vom New York City College über mich in Amerika verhängt worden war . . . Nach Lucys Tod war

Ein Gedicht Russells an Edith Finch

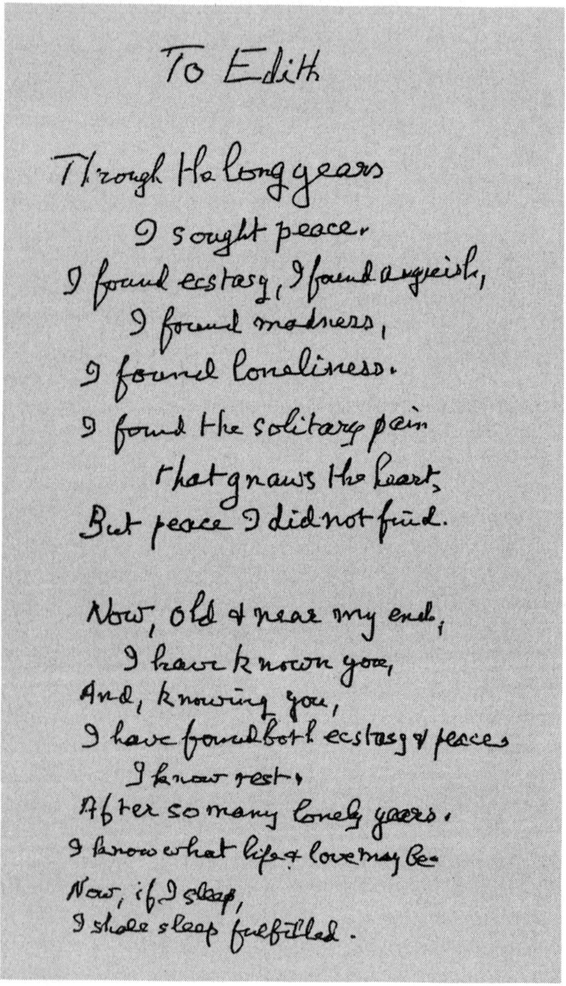

To Edith

Through the long years
    I sought peace.
I found ecstasy, I found anguish,
    I found madness,
I found loneliness.
I found the solitary pain
    that gnaws the heart,
But peace I did not find.

Now, old & near my end,
    I have known you,
And, knowing you,
I have found both ecstasy & peace,
    I know rest,
After so many lonely years.
I know what life & love may be.
Now, if I sleep,
I shall sleep fulfilled.

Edith Finch, Russells vierte Frau

Edith nach New York übersiedelt, wo ich sie während meines Aufenthaltes anläßlich meiner Vorlesungen an der Columbia University wiedersah. Unsere Freundschaft gedieh rasch, und wir konnten es bald nicht mehr ertragen, durch einen Ozean voneinander getrennt zu bleiben. Edith zog nach London, und da ich in Richmond lebte, sahen wir einander sehr oft. Was folgte, war eine unendlich freudvolle Zeit.[146]

Richmond Park erinnerte Russell oft an die Erlebnisse seiner frühen Kindheit. Als er Edith davon erzählte, lebten die alten Erinnerungen

117

Plas Penrhyn in Nordwales

wieder auf, und er glaubte, in beseligender Befreiung Vergangenes neu zu erleben: *Derlei Rückerinnerungen kleiner Abenteuer klingen trivial, doch lag damals über allem der strahlende Glanz gemeinsamen Glücklichseins und gegenseitigen Entdeckens. In solchem Glück befangen, kamen uns die Schrecken der Welt aus dem Sinn, so daß wir nur an uns und aneinander dachten. Wir machten nicht bloß die Entdeckung, daß wir einander zutiefst liebten, sondern erkannten allmählich auch, daß unser Geschmack und unsere Gefühle einander ähnelten und unsere Interessen einander im Grunde entsprachen. Während Edith über keinerlei philosophisches oder mathematisches Wissen verfügte, hatte ich von manchem keine Ahnung, worüber sie Bescheid wußte. Unsere Einstellung den Menschen und der Welt gegenüber ähneln einander sehr. Die beglückende Befriedigung unserer Gemeinschaft ist seither nur noch größer geworden und wächst allem Anschein nach ins Grenzenlose, in ein bleibendes und sicheres Glück als der Grundlage unserer beider Leben. Kaum eines der im folgenden erinnerten Ereignisse fand ohne die Teilnahme Ediths statt.*[147]

Ihre erste längere Reise führte Russell und seine Frau nach Fontainebleau. Bei einem Abstecher nach Paris erhielt er vom französischen

118

Rundfunk ein ausstehendes Honorar. Zur Feier des Tages gab es ein feudales Essen im Bois. Man spazierte in den Tuilerien und besuchte Notre-Dame. Später verbrachte man noch öfter die Ferien in Paris. Sowohl Bertrand als Edith hatte schon mehrmals längere Zeit in Paris gelebt, aber nie die Dinge gesehen, die man sehen sollte. So besichtigten sie 1954 endlich die Stadt ausführlich. Im Frühjahr 1952 ging es nach Griechenland. Sie blieben einige Zeit in Athen, durchquerten dann ungefähr zehn Tage im Auto die Peloponnes, besuchten Sparta, das ihnen nicht gefiel, Tiryns, Delphi und Epidauros. Russell war früher nicht in Griechenland gewesen und vom Land, seinen Einwohnern und der alten Kultur zutiefst beeindruckt. Erstaunlicherweise fühlte er sich aber in einer alten kleinen Kirche, die in byzantinischer Zeit entstanden war, viel wohler als im Parthenon oder einem anderen Gebäude aus heidnischen Tagen.

Dabei wurde mir klar, daß christliches Lebensgefühl weit mehr Einfluß auf mich besaß, als ich geglaubt hatte. Es war dies eine Macht über meine Gefühle, nicht jedoch über meine Anschauungen. Den Unterschied zur

Das von Boris Anrep ausgeführte Russell-Mosaik in der National Gallery

Bertrand Russell vor dem Mikrofon, 1955

*Neuzeit sah ich vor allem im Fehlen jeglichen Sündenbegriffs in der grie-
chischen Welt und bemerkte nunmehr überrascht, daß dieser Begriff auch
meine Gefühle beherrschte, obgleich dies nicht für meine Überzeugungen
galt. Dennoch berührten mich manche Werke der griechischen Antike zutiefst.*[148]

Russell machte hier eine Erfahrung, die wohl jeder, der sich vom
christlichen Abendland entfernt und hinreichend sensibel ist, machen

kann. Man muß nicht erst bis zum Ganges oder nach Kathmandu gefahren sein, um zu merken, wie sehr das Gefühlsleben von christlichen Wertvorstellungen geprägt ist. Russell glaubte, daß seine Anschauungen weitgehend davon frei wären, aber bei genauerer Untersuchung zeigt sich, daß dies keineswegs immer der Fall war.

1953 verbrachten die Russells drei Wochen in Schottland. Unterwegs besuchten sie sein Geburtshaus am Wye-Tal, das früher Ravenscroft hieß, nun Cleddon Hall. Am Ziel der Reise, in St. Fillans, stellte Russell fest, daß er seit 1878 nicht mehr dort gewesen war. Man unternahm Autotouren, manchmal über Karrenpfade, und unvergeßliche Spaziergänge durch die Heidelandschaft. Zwei Jahre später fuhren die Russells wieder nach St. Fillans. Diesmal waren sie nicht so unbeschwert. Auf dem Hinweg hielt er in Glasgow eine Rede für den Labour-Kandidaten, der sich für die Gründung einer Weltregierung einsetzte. Die Stimmung war gedämpft, einmal, weil Russell sich ein Schlundleiden zugezogen hatte, was er darauf zurückzuführen pflegte, daß er allzu viele Politikermeinungen herunterzuwürgen hatte. Hinzu kam der schlechte Gesundheitszustand seines ältesten Sohnes. Nachdem sich Peter von ihm getrennt hatte, war Russell in Ffestiniog geblieben, wo er in einem am Abhang eines Hügels gelegenen Haus mit herrlicher Aussicht über das Tal zu arbeiten pflegte. Gelegentlich ging er nach London und besuchte dort seinen Sohn und dessen Familie in Richmond. Sie bewohnten ein winziges Haus neben dem Park, das für ein Ehepaar mit drei Kindern viel zu klein war. Der Sohn erklärte, er wolle seine Stellung aufgeben und nur noch schreiben. Russell verstand das zwar, bedauerte es aber. Von Nordwales aus konnte er sich zu wenig um ihn kümmern. So entschloß er sich, sein Haus in Ffestiniog aufzugeben und in Richmond ein Haus zu nehmen, das groß genug war, um dort mit der Familie seines Sohnes zusammenzuleben. Als er nach Richmond zurückkehrte, wo er seine Kindheit verlebt hatte, berührte ihn das seltsam, und manchmal glaubte er, gar nicht mehr in Fleisch und Blut da zu sein. Pembroke Lodge war inzwischen abgerissen, um so gründlicher, als der Magistrat erfahren hatte, daß hier einst berühmte Leute gelebt hatten. Russell zog mit seinem Sohn in ein geräumiges Haus in der Nähe des Parks. Die beiden unteren Etagen stellte er der Familie seines Sohnes zur Verfügung, den Oberstock behielt er für sich. Zwei Jahre ging alles recht gut, wenn auch der Besucherstrom von Jahr zu Jahr wuchs. Zu den Besuchern gehörten auch Alan und Mary Wood. Alan Wood entschloß sich bald, eine Biographie über den berühmten Mann zu verfassen. Es entwickelte sich ein freundschaftliches Verhältnis zwischen ihnen. In jener Zeit erkrankte Russell einmal plötzlich und schwer. Nach einem Morgenspaziergang im Richmond Park fühlte er sich sehr unwohl. Es war Sonntag, und man suchte zunächst vergeblich nach einem Arzt. Schließlich waren fünf versammelt, und einer davon erklärte Edith, ihr Mann hätte wohl kaum

1961

mehr als noch zwei Stunden zu leben. Er hatte sich inzwischen bereits blau verfärbt. Die Ambulanz brachte ihn ins Spital, wo man ihn aber doch mit Sauerstoff durchbrachte.

Zu Weihnachten des Jahres 1953 stand Russell vor einer ernsten Operation. Im Haus grassierte die Grippe, auch Edith war nicht davon verschont. In dieser kritischen Situation erschienen sein Sohn und dessen Frau und erklärten, sie hätten «genug von den Kindern». Nach dem Weihnachtsessen mit den alten Leuten und den Kleinen brachen sie auf, ließen die Kinder zurück und kehrten nicht wieder. Plötzlich lag also die Sorge für die drei kleinen Kinder ganz auf den Schultern der alten Leute. Im stillen hofften sie zwar, daß die Eltern zurückkehren würden, aber daraus wurde nichts, da Russells Sohn schwer erkrankte. £ 10 000 von den £ 11 000 seines Nobelpreises hatte er seiner dritten Frau gegeben, der er jetzt, wie seiner zweiten, Alimente zahlte. Dazu mußte er für die Erziehung seines jüngeren Sohnes aufkommen. Hinzu kamen noch große Kosten in Verbindung mir der Krankheit seines ältesten Sohnes sowie dessen jahrelang vernachlässigte Einkommenssteuerschuld. All diese Ereignisse überschatteten die glücklichen Jahre mit Edith seit 1953. Zum Glück hatten Freunde der Russells in Nordwales ein Haus entdeckt, Plas Penrhyn, das für sie und die Kinder ein angenehmer Ferienort werden sollte. Das Haus war klein und bescheiden, hatte aber einen entzückenden Garten. Nach Süden sah man auf das Meer, im Westen auf die Hügel von Caernarvon und auf Portmadoc, im Norden lag das Glaslyn-Tal, das sich bis zum Snowdon erstreckte. Russell war begeistert, zumal sich auf der anderen Talseite Shelleys Haus Tan-y-Rallt befand. Außerdem lebten Freunde von den Eltern der Kinder in der Nähe, die sie kannten und die selber Kinder im gleichen Alter hatten. So war im Privatleben wieder einmal das Schlimmste abgewendet, und Russell konnte sich anderen Arbeiten und Verpflichtungen zuwenden.

Rückblickend erscheint es mir kaum verständlich, woher ich in jenen Tagen und Nächten die Zeit fand, um all diese Arbeiten zu erledigen. Reisen nach Rom, Paris und Schottland, Familiensorgen, Vorbereitungen für die Ferien in Nordwales, Briefe, Diskussionen, Besuche und Vorträge. Ich schrieb unzählige Artikel. Auch gab es damals viele Korrespondenz und Gespräche mit R. C. Marsh, einem Amerikaner, der Aufsätze aus meiner Jugendzeit sammelte, die er dann unter dem Titel «Logic and Knowledge» herausgab. Zugleich bereitete ich selbst die Veröffentlichung meines Buches «Portraits from Memory» vor, das 1956 erscheinen sollte.[149]

Ehe wir uns im nächsten Kapitel mit der politischen Theorie und Praxis Russells seit 1950 befassen, wollen wir abschließend noch einen Blick auf seine Selbstdarstellung werfen.

In einem Brief an Lowes Dickinson vom 13. Februar 1913 hatte er geschrieben: *Mir ist, als ob man erst auf dem Sterbebett entdeckte, wofür man eigentlich hätte leben sollen, und man erst zu spät einsähe, daß man sein Leben vergeudet hat: Jedes von Leidenschaft erfüllte, tapfere Leben scheint gut an sich, dennoch hat man die Empfindung, es sei ein Element der Selbsttäuschung darin enthalten, wenn man so viel Leidenschaft an jedes menschlich erreichbare Ziel wendet. Und so schleicht sich die Ironie bis in die letzten Quellen unseres Lebens.*[150]

In einem Brief an Ottoline Morrell vom 27. August 1918 heißt es: *Ich weiß nicht, wer mein Biograph sein wird, aber ich hätte gern, daß er «mit welcher Rede es ihm recht sein mag» etwa Folgendes berichtet: «Ich war kein feierlicher Heiliger wie auf bunten Glasfenstern, der nur zum Zwecke der Erbauung existiert; ich existierte aus meiner eigenen Mitte heraus. Vieles, was ich tat, war bedauerlich, ich achtete achtbare Leute nicht, und wenn ich vorgab, es zu tun, dann war es Betrug. Ich log und heuchelte, denn hätte ich es nicht getan, so hätte man mich meine Arbeit nicht tun lassen. Aber es besteht keine Notwendigkeit, nach meinem Tode mit der Heuchelei fortzufahren. Ich haßte Heuchelei und Lügen: ich liebte das*

Leben und wirkliche Menschen und wollte die Schwindler loswerden, die uns davon abhalten, die wirklichen Menschen so zu lieben, wie sie auch wirklich sind. Ich glaubte an Lachen und Spontaneität und vertraute der Natur, das authentisch Gute in den Menschen zu fördern, wenn Authentizität einmal geduldet werden würde.[151]

Den bereits erwähnten biographischen Versuch von Wood hat Russell in seiner Autobiographie gewürdigt. Die Grenzen der Darstellung Woods werden besonders in politischen Fragen sichtbar. Die Biographie seiner Tochter stößt besonders dort auf Grenzen, wo es um religiöse Probleme geht. Russell war und wollte kein Heiliger sein, wie seine Tochter ihn nachträglich aus ihrer religiösen Sicht versteht. Er läßt sich auch nicht, so Wood, mit Hitler vergleichen.

Das fundamentale Problem seiner Entwicklung ist, wie der Autor in dem vorgelegten Text mit Recht betont, sein Verhältnis zur Wahrheit, denn letzten Endes bestimmt dieses den Wert eines Philosophen und seines Werkes. Russell gibt zu, daß er manchmal log und heuchelte, wenn auch nur, um dadurch seine Arbeit zu ermöglichen. Ob und wieweit diese selbstkritische Maxime gilt, daran wird sich letztlich jede Biographie Russells als eines Philosophen zu orientieren haben. Hat er als Philosoph mehr Konzessionen an den Zeitgeist gemacht als unbedingt nötig war? Das wird der kritische von ihm selbst aufgestellte Wertmaßstab für sein Denken und sein Philosophieren bleiben. Soweit wir jetzt schon sehen können, glaube ich, daß Russell seinen eigenen Maßstäben in hohem, wenn auch nicht in höchstem Maß genügte. An Wahrheitsliebe kann er sich mit allen seinen Zeitgenossen messen, ja, er dürfte die meisten von ihnen weit überragen. Ähnliches gilt auch für die Philosophen der Neuzeit und des Mittelalters. Einzig in der Antike dürfte es Philosophen gegeben haben, an deren Konsequenz und Wahrheitsliebe er nicht heranreicht. Mindestens wäre hier Sokrates zu nennen. Ich glaube aber, daß Russell selbst gegen eine solche Einschätzung nichts einzuwenden gehabt hätte.

Kampf um den Frieden

Entwicklungsgeschichtlich lassen sich in Russells Leben zwanglos drei Phasen unterscheiden: die mathematisch-logische, die philosophische und die historisch-politische. Selbstverständlich sind diese Phasen nicht streng chronologisch voneinander zu trennen. Bereits während seines Studiums interessierte er sich für philosophische Probleme, und schon vor dem Ersten Weltkrieg erschienen seine *Probleme der Philosophie*. Auch mit politischen Fragen setzte er sich in Theorie und Praxis schon vor dem Ersten Weltkrieg auseinander. Die Einteilung in drei Phasen kann also nur die Verlagerung von Schwerpunkten bezeichnen, nicht völlig voneinander getrennte Abschnitte. Alle drei Abschnitte dauern je etwa 25 Jahre. Den ersten Abschnitt kann man 1894 beginnen und 1919 mit der *Einführung in die mathematische Philosophie* enden lassen, einem Werk, das die Ergebnisse seiner über zwanzigjährigen mathematischen Forschung zusammenfaßt. Die erste Phase findet ihren Höhepunkt in den *Principia Mathematica*. Am Anfang der zweiten, philosophischen Phase steht die *Analyse des Geistes* (1921), am Ende die Arbeit über *Das menschliche Wissen, Umfang und Grenzen* (1948). Den Höhepunkt dieser Phase bildet die *Philosophie des Abendlandes*. Die dritte, politische Entwicklungsphase im Denken Russells dauert dann vom Anfang der fünfziger Jahre bis zu seinem Lebensende. In der dritten Phase findet sich nicht, wie in den beiden vorhergehenden, ein Werk, das den krönenden Abschluß bildet, es sei denn, daß man die Bertrand Russell Peace Foundation als ein solches, mehr praktisches als theoretisches, abschließendes Lebenswerk betrachtet. Wir haben uns in diesem Kapitel also vorwiegend mit dem politischen Teil der Russellschen Philosophie im weiteren Sinn zu befassen, also vor allem mit der Pugwash-Bewegung, mit Trafalgar Square, der Stiftung und Russells zahlreichen Bemühungen um die Verwirklichung der Menschenrechte in einzelnen Fällen, schließlich mit seinen historisch-politischen Veröffentlichungen der letzten Jahrzehnte. Von den drei großen Leidenschaften, die, wie er sagt, sein Leben von Anfang bis zu Ende beherrschten, der Sehnsucht nach Liebe, dem Drang nach Erkenntnis und dem Mitgefühl mit den Leiden der Menschheit, dominierte in seiner letzten Schaffensphase zweifellos die letzte. Das bereits erwähnte, 1954 erschienene Werk *Mo-*

ral und Politik hatte in der Öffentlichkeit Anklang gefunden. Dennoch quälte ihn die Sorge um den Ausbruch eines dritten Weltkrieges, der diesmal ein Atomkrieg sein und mit dem Untergang der Menschheit enden würde. Nach Russells Meinung waren sich die Politiker nicht bewußt, in welch großer Gefahr sich die Menschheit befand, und deshalb gingen sie wieder einmal zu leichtfertig mit ihren Machtmitteln um. Er wandte sich an die BBC. Nach einigem Hin und Her einigte man sich auf den Vortrag *Man's Peril* (*Der Mensch in Gefahr*), der im Dezember 1954 gesendet wurde. Russell weckte die Öffentlichkeit aus ihrer Apathie und führte den Zuschauern die Auswirkungen eines Atomkriegs vor Augen: *Wir haben die Wahl, den Fortschritt zum Glück, zum Wissen und zur Weisheit zu machen. Sollen wir statt dessen den Tod wählen, weil wir unsere Streitigkeiten nicht vergessen können? Als Mensch appelliere ich an Menschen, sich auf die eigene Menschlichkeit zu besinnen und alles andere zu vergessen. Wenn ihnen dies gelingt, steht der Weg zu einem neuen Paradies offen; gelingt es ihnen jedoch nicht, steht uns der Tod aller bevor.*[152]

Auf dem Pokal, den die Pears' Cyclopaedia Russell als Preis für hervorragende Leistungen des vergangenen Jahres verlieh, stand die In-

Eisenhower

Chruschtschow

schrift: «Bertrand Russell weist im Jahre 1955 einen Weg zum Frieden». Im April 1955 sprach er zur Erinnerung an die im Februar 1943 umgekommenen Warschauer Juden. Musik und Ansprache wurden auf Schallplatte aufgenommen. Allmählich begannen sich auch Organisationen für seine Ansichten zu interessieren, darunter die Weltparlamentarier und die Parliamentary World Government Association. Auf einer Tagung beider Organisationen im April 1955 in Rom sprach Russell. Er erkannte die Notwendigkeit einer internationalen Zusammenarbeit, wenn man etwas erreichen wollte. So arbeitete er eine Erklärung aus, die eine Anzahl anerkannter berühmter Wissenschaftler sowohl kapitalistischer als auch kommunistischer Ideologien unterschrieben. Einstein hatte noch kurz vor seinem Tod die Einwilligung zur Unterschrift unter dieses Dokument erteilt. Auch einige Herausgeber der «Mainau-Deklaration» unterzeichneten. Es lag in der Absicht des Manifestes, die Zusammenarbeit zwischen der kommunistischen und nicht-kommunistischen Welt zu fördern. Auf der Suche nach einem Vorsitzenden der Vereinigung fiel die Wahl auf den Physiker Professor Josef Rotblat vom Medical College of St. Bartholomew's Hospital, den stellvertretenden Vorsitzenden der Atomic Scientists' Association:

Es dürfte wenige geben, die derart mutig, integer und selbstlos dem Kampf gegen die nukleare Gefahr und gegen ähnliche oder damit verbundene Übel den Vorrang vor der eigenen Karriere einräumen, welche im Falle Professor Rotblats dennoch hervorragend ist. Falls es jemals gelingen möchte, jene grauenhaften Gefahren zu bannen und zu einer internationalen Einigung zu gelangen, gebührt seinem Namen ein Ehrenplatz unter den Größten dieses Kampfes.[153]

So entstand das «Einstein-Russell-Manifest». Manifest und Proklamation wurden in aller Welt als Neuigkeit behandelt und fanden meistens ein beifälliges Echo. Die Zeit für eine internationale Zusammenarbeit zwischen Kommunisten und Nicht-Kommunisten war gekommen. Auf einem der nächsten Treffen waren denn auch drei Russen, Mitglieder der Moskauer Akademie, anwesend. Zum erstenmal seit Kriegsende nahmen russische Kommunisten an einer Konferenz im Westen teil. Russell schlichtete die auftretenden Differenzen und konnte in der Schlußversammlung eine einstimmig erzielte Resolution verlesen. Das Jahr 1956 war für ihn ein zerrissenes Jahr der kleinen Schritte und kleinen Arbeiten. Die meiste Zeit verwandte er auf Radiovorträge und Artikel. Ein endloser, aber angenehmer Besucherstrom kam und ging, alte Freunde und neue Bekannte. Im Sommer 1956 machte das Projekt einer Gelehrtenkonferenz Fortschritte, erlitt aber durch die Unterdrückung des Aufstandes in Ungarn und die Affäre von Suez zwei empfindliche Rückschläge. Was die Finanzierung betraf, erhielt er von Cyrus Eaton, der mit Russells Zielen sympathisierte, ein Angebot für den Fall, daß das Treffen in Pugwash, Nova Scotia, seinem Geburtsort in Kanada, stattfinden würde. Man akzeptierte, und Anfang Juli 1957 fand die erste Konferenz in Pugwash statt. Die Pugwash-Bewegung umfaßte nach und nach Wissenschaftler aus 32 Ländern. In den Pugwash Conferences on Science and World Affairs wurden die Probleme erörtert, die im Zusammenhang mit der Bedrohung der Menschheit durch Massenvernichtungswaffen standen. Ihren Hauptsitz wählte die Bewegung in London, Nebensitze befinden sich in Cambridge (Mass.) und Moskau. Einem ständigen Komitee gehören Vertreter aus aller Welt an. Die Finanzierung erfolgt durch Stiftungen und private Spenden. Russell konnte an der ersten Konferenz 1957 wegen seines vorgerückten Alters und seines schlechten Gesundheitszustandes nicht mehr teilnehmen. Er vermied fortan weite Auslandsreisen, auch aus dem Grunde, weil sich Länder, die ihn eingeladen hatten, zurückgesetzt fühlten, wenn er nicht kommen konnte. Die Pugwash-Konferenz in Österreich 1958 besuchte er allerdings. Die ersten Konferenzen zeigten, daß die erhoffte ernsthafte Zusammenarbeit zwischen Wissenschaftlern grundlegend divergierender

Das Ehepaar Russell verläßt das Gericht in der Bow Street, 1961

Ideologien, deren Ansichten in wissenschaftlichen und anderen Bereichen verschieden waren, durchaus möglich war. Professor Rotblat verfaßte eine Geschichte der ersten und der sieben folgenden Tagungen bis 1962. Bis 1971 fanden 21 Konferenzen statt. Eine in Wien verfaßte Deklaration wurde am 20. September 1958 in der Österreichischen Akademie der Wissenschaften verlesen. Sie wurde zum «Credo» der Pugwash-Bewegung. Einer der größten Erfolge dieser Bewegung war das Abkommen über den teilweisen Atombombenversuchsstopp, das in Friedenszeiten Bombentests über dem Erdboden untersagt. Russell hatte sich jedoch höhere Ziele gesteckt. Er strebte den Verzicht aller Atommächte auf die Herstellung nuklearer Waffen an. Auf der Pugwash-Konferenz im September 1962 in London trat er als Vertreter der Pugwash-Bewegung zum letztenmal öffentlich in Erscheinung.

Die Mobilisierung berühmter Gelehrter war ein Weg, den Russell zur Sicherung des Friedens beschritt, ein anderer war die Veranstaltung von Massenprotesten. Als Präsident der Campaign for Nuclear Disarmament (CND), die Anfang Januar 1958 offiziell eröffnet wurde, begann Russell, die Massen gegen die Atomrüstung zu mobilisieren. In den folgenden vier Jahren sprach er auf zahllosen Versammlungen, gab Interviews, verfaßte Texte für Flugblätter, Artikel für Zeitungen und schrieb oder beantwortete unzählige Briefe. So wandte er sich Ende 1957 an Eisenhower und Chruschtschow. Er redete sie mit «sehr mächtige Herren» an. Er wies beide darauf hin, daß die Kooperation von Nationen das einzige Mittel sei, Kriege zu vermeiden. Von Chruschtschow erhielt er umgehend Antwort, Eisenhower ließ zwei Monate später durch John Foster Dulles antworten. Die Briefe wurden im «New Statesman» veröffentlicht. Der Briefwechsel, 1958 auch in Buchform publiziert, machte der Öffentlichkeit die Haltung der Großmächte zum Thema Abrüstung bewußt. Wir können hier unmöglich auf all die Treffen, Märsche und Demonstrationen der CND eingehen. Allmählich begannen sich auch weitere Kreise der Öffentlichkeit für Russells Ansichten und Aktionen zu interessieren. 1958 wurde ihm der Kalinga-Preis bei der UNESCO in Paris verliehen, 1960 erhielt er in Kopenhagen den Sonning-Preis für Verdienste um die europäische Kultur. Der Preisverleihung folgte ein Empfang und ein Staatsbankett. Wenig erfreulich verlief im Februar 1960 eine Debatte für das Columbia Broadcasting System, an der auch Edward Teller, der «Vater» der Wasserstoffbombe, teilnahm. Russell empfand gegenüber seinen *unaufrichtigen Schmeicheleien* tiefe Abneigung. Enttäuschend war auch eine andere Fernsehdiskussion über nukleare Fragen, an der Frau Roosevelt teilnahm. Russell war entsetzt über ihre Ansicht, es sei besser für die Menschheit, vernichtet als dem Kommunismus unterworfen zu werden. Differenzen mit dem Vorsitzenden der CND führten am 5. November 1960 zum Rücktritt Russells, der zwar der CND noch weiter verbunden blieb, sich aber von ihren politi-

1962 bei einer Rede vor Dockarbeitern

schen Strategien zurückzog. Die neue Bewegung mit der Zielrichtung gewaltlosen Widerstandes vieler erhielt den Namen «Komitee der Hundert». Die Quintessenz seines politischen Programms war in dem Flugblatt «Act or Perish» enthalten. Nach einer Versammlung auf dem Trafalgar Square im Spätsommer 1961 wurden Russell und seine Frau angeklagt, die Öffentlichkeit zum Widerstand gegen die Staatsgewalt aufgerufen zu haben. Sie und einige wenige andere Führer der CND wurden zu zwei Monaten Gefängnis verurteilt. Russells Strafe wurde auf Grund ärztlicher Atteste auf eine Woche herabgesetzt. 1918 war er mit einem Taxi nach Brixton gefahren; diesmal wurde er in einer Grünen Minna abtransportiert. Vor dem Gerichtsgebäude jubelte die Menge ihm zu. In den folgenden Monaten sprach er teils öffentlich, teils privat auf zahlreichen Versammlungen des «Komitees der Hundert». Da sich das Komitee dann auch mit anderen Fragen, wie Ungerechtigkeiten der Regierung, innenpolitischen und sozialen Mißständen befassen wollte, verzettelte man sich. Mißerfolge und unseriöses Verhalten der Führer des Komitees führten dann zum Zerfall der Organisation.

Unter den zahlreichen Feierlichkeiten zum 90. Geburtstag Russells am 18. März 1962 ist besonders die Party unter der Ägide von T. E. Beans in der Festival Hall zu nennen. Der Jubilar sagte bei dieser Gelegenheit: *Ich habe ein sehr einfaches Glaubensbekenntnis: nämlich daß Leben, Freude und Schönheit um vieles besser sind als der Staub grauen Sterbens. Wenn wir Musik vernehmen, wie wir sie heute gehört haben, dann spüren wir alle, glaube ich, daß es dafür steht, solch eine Möglichkeit – die Gabe, derlei Musik zu schaffen ebenso wie die Fähigkeit, sie auch zu hören – zu bewahren, statt sie in törichtem Gezänk zu vertun.* [154]

Schon wenige Monate, nachdem Russell diese Sätze gesprochen hatte, ergab sich bei der Kuba-Krise im Herbst 1962 die Gelegenheit, in der Praxis der Theorie zu entsprechen. Halsstarrige Politik auf beiden Seiten hatte die Menschheit dicht an die Schwelle eines weltweiten Atom-

Russell mit U Thant, dem Generalsekretär der UNO

Russell-Medaillon von Christopher Ironside.
Geschenk zum 90. Geburtstag

kriegs gebracht. Auch diesmal fand der Neunzigjährige auf die gefährliche Herausforderung eine Antwort. Russell vermittelte sowohl in der Kuba-Krise zwischen Chruschtschow und Kennedy als auch beim chinesisch-indischen Grenzkonflikt zwischen Nehru und Tschu En-lai. Die Methode des direkten Kontakts bewährte sich. In diesen Tagen entwickkelte sich, besonders bei Nehru und Chruschtschow, eine gegenseitige Achtung, die den Gang der Ereignisse beeinflußt haben dürfte. Die Ereignisse und der dazugehörige Briefwechsel fanden in Russells Buch *Unarmed Victory* (1963) ihren Niederschlag. Nachträglich bedauerte er, daß sein Telegramm an den Präsidenten Kennedy vom 23. Oktober 1962 nicht sanfter gewesen sei.

In dem Artikel *Für und Wider neunzig Jahre alt zu werden* aus dem «Observer» vom 13. Mai 1962 erklärt Russell, wie er zum politischen Engagement gedrängt wurde: *Fast jedes Mal, wenn ein alles entscheidender Augenblick gekommen war, geschah seit dem Jahre 1914 das Falsche . . . Barbarischer Schwindel, über den in meiner Jugend fast jeder* *schockiert gewesen wäre, wird heute von hervorragenden Staatsmännern in aller Feierlichkeit verkündet . . . Wie Kassandra bin ich dazu verurteilt, Elend zu prophezeien, das keiner für möglich hält . . . Blindheit oder Brutalität sind der Preis für heitere Gelassenheit in der heutigen Welt. Im Gegensatz zur konventionellen Erwartung werde ich mit zunehmendem Alter immer rebellischer. Ich wurde keineswegs als Rebell geboren. Bis 1914 fügte ich mich mehr oder weniger bequem der Welt, wie ich sie damals vorfand . . . Ohne eigentlich mit dem Temperament eines Rebellen begabt zu sein, verhindert mich der Lauf der Dinge immer stärker, mich geduldig mit dem Lauf der Dinge abzufinden.*[155]*

Zur Mobilisierung berühmter Wissenschaftler auf der einen Seite, der Massen auf der anderen, vollbrachte Russell als dritte Komponente seiner politischen Wirksamkeit noch eine weitere historische Tat. Mit der Gründung der Bertrand Russell Peace Foundation 1963 ergänzte er Protest und Kritik durch eine positive Maßnahme, die die Sicherung des Friedens auch theoretisch fundieren sollte. Es entstanden zwei Organisationen, die Bertrand Russell Peace Foundation, deren Aufgabe vor allem die Erforschung des Friedens und des Krieges ist, sowie die Atlantic Peace Foundation, deren Aufgaben in Bildungsarbeit bestehen sollten.

John F. Kennedy

Bertrand und Edith Russell

Beide Stiftungen sollten kooperieren. Diese Tat ist ihrer Intention nach durchaus mit der Gründung der Platonischen Akademie vergleichbar, sollten doch hier wie dort die Grundlagen für eine menschlichere Politik geschaffen werden. Bei der Frage der Finanzierung erlebte Russell angenehme und unangenehme Überraschungen, unangenehme vor allem bei den Reichen, auch reichen Juden, angenehme bei Künstlern und Staatsoberhäuptern. Daß die Stiftung etliche Durststrecken überstand, verdankte sie nicht zuletzt der Opferbereitschaft von Mitarbeitern wie Ralph Schoenmans, Christopher Farleys und Pamela Woods. Die britische Presse unterstützte das Vorhaben nur wenig. In zwei Reden wandte Russell sich 1965 gegen den Wortbruch der Labour-Regierung unter Harold Wilson. Als die Regierung im Amt war, verfolgte sie eine andere Politik, als sie vor der Wahl versprochen hatte. Am Ende der zweiten Rede erklärte Russell seinen Austritt aus der Partei und zerriß seine Mitgliedskarte.

Seit 1963 beschäftigte er sich immer eingehender mit dem Kriegsgeschehen in Vietnam. 1966 forderte er auf der Vorbereitungskonferenz des International War Crimes Tribunal die Untersuchung der amerikanischen Kriegführung in Vietnam. Man wählte ihn zum Präsidenten des Tribunals. Anfang 1967 kam sein Buch *War Crimes in Vietnam* heraus. Es enthält eine Auswahl seiner unendlich vielen Briefe, Erklärungen, Reden und Artikel seit dem Jahre 1963 zu diesem Thema. Dazu kam eine Einleitung, in der er die allgemeine Situation Anfang 1967 sowie seine Haltung zu dieser Lage beschrieb, ferner ein Nachwort über die Aktivitäten des Vietnam-Tribunals. Der öffentliche Streit um das Tribunal lenkte das allgemeine Interesse auf die Stiftung. Die Atlantic Peace Foundation blieb als wohltätige Stiftung erhalten, die Bertrand Russell Peace Foundation wurde zu einer Gesellschaft mit beschränkter Haftpflicht. Sie hat Zweigstellen in Argentinien, Australien, Neuseeland, Frankreich, Indien, Italien, Japan, auf den Philippinen und in den Vereinigten Staaten von Amerika.

Mit Albert Schweitzer

Neben der Mobilisierung berühmter Wissenschaftler, die in der Pug-wash-Bewegung zum Ausdruck kam, neben der Mobilisierung der Massen, die unter anderem in der Demonstration am Trafalgar Square einen Höhepunkt fand, und neben der Stiftung setzte sich Russell auch in einzelnen Fällen für Personen ein, deren Menschenrechte verletzt wurden.

So gehört Russell, nicht zuletzt wegen seines konkreten Dienstes an den Menschen, wie Gandhi oder Albert Schweitzer, in die Reihe der Wohltäter der Menschheit.

Als er am 2. Februar 1970, im Alter von 97 Jahren in Penrhynden-draeth (Wales) starb, war es, als sei mit ihm der Zeitgeist eines Jahrhunderts dahingegangen. Sein unbeirrter Idealismus im Hinblick auf einen Weltfrieden und eine Weltregierung sowie sein nüchterner Realismus in der Analyse des Gegebenen und der Abschätzung des Möglichen weisen jedoch über seinen Tod hinaus und fordern jeden ernsthaft Philosophierenden zur Synthese heraus.

Werfen wir abschließend noch einen Blick auf seine Veröffentlichungen in den fünfziger und sechziger Jahren, soweit sie noch nicht näher erwähnt wurden. 1956 erschienen die *Portraits from Memory*, Charakterskizzen einiger berühmter Leute, die Russell kannte. Mit historischen Problemen befaßte er sich in der Arbeit *Understanding History* (1957). Schon 1904 hatte er einen Aufsatz *Über die Geschichte* geschrieben. Im Mai 1954 hatte er vor dem PEN-Club die Herman Ould Memorial Lecture zum Thema *History as an Art* gehalten. Die Geschichte gehört zu den Gebieten, mit denen sich Russell verhältnismäßig wenig befaßt hat. So finden wir bei ihm keine ausgesprochene Geschichtsphilosophie. Ihn interessieren vor allem einerseits ideengeschichtliche Probleme, andererseits praktische Fragen, wie man Geschichte betreiben und lehren soll, auch die Frage, wieweit die Geschichtswissenschaft eine Wissenschaft im üblichen Sinn ist. Natürlich wirkt sich sein sonstiger Skeptizismus besonders auf dem Gebiet der Geschichte aus, wo es noch weniger Sicherheit der Erkenntnis gibt als auf anderen wissenschaftlichen Gebieten. Ihn interessieren die bedeutendsten Ursachen der Geschichte, unter anderem die ökonomischen, die Bedeutung der Ideen für den Gang der Geschichte, der Zufall in der Geschichte und die Bedeutung des Individuums für das historische Geschehen. In der Bewertung des Individuums geht er einen mittleren Weg zwischen den Extremen des Individualismus und Kollektivismus. Charakteristisch für seine Betrachtungsweise der Geschichte ist das Festhalten an moralischen Kriterien. Was den Geschichtsunterricht betrifft, sollen weniger nationale und militärische Gesichtspunkte den Ausschlag geben als kulturelle. Sofern Kriege erörtert werden müssen, sollen sie auch den Standpunkt der Besiegten und die Leiden der Menschen auf dem Schlachtfeld berücksichtigen. Das Buch *Common Sense and Nuclear Warfare* (1959) wurde in der Hoffnung geschrieben, Regierungspolitik und gesunden Menschenver-

Blick aus Russells Schlafzimmer in Plas Penrhyn

stand in Einklang zu bringen. Einige Fragen, die in diesem Buch zu kurz gekommen waren, nahm Russell in einer Art Fortsetzung *Has Man a Future?* (1961) in Angriff. Er schrieb das Buch als Rekonvaleszent von einer Gürtelrose. Es kam termingerecht im Herbst heraus. In dem Buch werden behandelt: die Atombombe, Wasserstoffbombe, Freiheit oder Tod?, Wissenschaftler und die Wasserstoffbombe, langfristige Bedingungen für menschliches Überleben, warum eine Weltregierung nicht gern gesehen wird, erste Schritte zu einem sicheren Frieden, Abrüstung, territoriale Probleme und eine stabile Welt. Eine Serie von Fernsehinterviews mit Woodrow Wyatt erschien in Buchform unter dem Titel *Bertrand Russell Speaks His Mind* (1960). Darin werden behandelt: Philosophie, Religion, Krieg und Pazifismus, Kommunismus und Kapitalismus, moralische Tabus, Macht, Glück, Nationalismus, Großbritannien, die Rolle des Individuums, Fanatismus und Toleranz, die Wasserstoffbombe und die Zukunft der Menschheit. Auf das 1961 erschienene Buch

137

Fact and Fiction wurde schon hingewiesen. Russell hatte erwartet, daß die Buchkritik sich über Titel und Inhalt des Buches lustig machen würde, aber das geschah nicht. In ihm wurde auch die Rede, die er 1960 anläßlich der Verleihung des Sonning-Preises vor der Universität in Kopenhagen gehalten hatte, unter dem Titel *Old and New Cultures* veröffentlicht.

In dem Buch *Unarmed Victory* (1963) behandelt der Verfasser in zwei Kapiteln die Kuba-Krise und den chinesisch-indischen Konflikt, im ersten Kapitel den internationalen Hintergrund, im letzten die Lehren aus den beiden Krisen. Solche Lehren sind die Einsicht in die Möglichkeit eines zufälligen Kriegsausbruchs, in die Gefahr, daß ein lokaler Krieg sich zu einem allgemeinen ausweitet, daß die Regierungen dazu neigen, Kriegsgefühle zu erzeugen und zu verstärken, in die Unmöglichkeit hinreichender Beratungen unter den Westmächten bei plötzlich auftretender Gefahr, in die Notwendigkeit, das gegenseitige Mißtrauen aufzugeben, sowie den Glauben, daß alle Kommunisten schlecht und alle Gegner der Kommunisten gut sind, ferner in die Gefahren einer irrationalen Haltung aus Angst, in die Gefahren des Nationalismus, besonders unter den mächtigen Staaten, ferner die Notwendigkeit anzuerkennen, daß ein Krieg mit Atomwaffen niemandem nützt, schließlich in die Notwendigkeit einer Weltregierung, die der Friedenssicherung dient, im übrigen aber den bisherigen Staaten ihre Autonomie läßt, wenn es auch internationales Recht und internationale Gerichtshöfe zur Aburteilung von Verbrechen geben sollte.

Das 1968 erschienene Büchlein *The Art of Philosophieneing* besteht aus Essays, die Russell während des Zweiten Weltkriegs, als er an amerikanischen Universitäten lehrte, verfaßte. Sie enthalten kaum etwas, was eine besondere Erwähnung rechtfertige. Über den 1927 gehaltenen Vortrag *Warum ich kein Christ bin*, der zusammen mit anderen Aufsätzen 1957 wieder erschien, haben wir an anderer Stelle bereits gesprochen.

Blicken wir auf Russell und sein Werk, seine wissenschaftlichen Leistungen, seine philosophischen Erkenntnisse und auf seine politische Theorie und Praxis zurück, fällt es sicher nicht leicht, zu einem einheitlichen, abschließenden Urteil zu gelangen. War sein Denken letzten Endes doch nur von liberalem Gedankengut geprägt oder war er ein Revolutionär? War er mehr Wissenschaftler, mehr Philosoph oder mehr Politiker? Hat er die Ziele, die er sich selbst setzte, erreicht oder ist er gescheitert? Hat er als einsamer, von allen mißverstandener Held allein gegen ein ganzes Jahrhundert gekämpft oder hat er sich, wenn es darauf ankam, geschickt den herrschenden Strömungen des Zeitgeistes angepaßt? War er ein seriöser Denker oder ein Popularphilosoph? Hat er seinen Idealen der Menschlichkeit in der Praxis entsprochen? Auf alle diese Fragen werden sich gewiß erst dann befriedigende Antworten geben lassen, wenn mehr Zeit verstrichen ist, wenn die philosophische Ge-

Der Schreibtisch in Plas Penrhyn

schichtsschreibung säuberlich Zeitliches und Überzeitliches am Werk Russells getrennt hat, wenn seine Schriften im einzelnen hinreichend erforscht sind. Einstweilen dürfte feststehen, daß der angelsächsische Genius in Russell einen würdigen Vertreter gefunden hat. Die Leidenschaftlichkeit seines Denkens, Fühlens und Wollens wie auch die sich daraus ergebende Tragik seines Lebens lassen sich mit manchen Gestalten aus den Dramen Shakespeares vergleichen. Der aufrichtige und kompromißlose Wille zur Wahrheit erinnert an die Größten unter den antiken Philosophen. Die unwiderrufliche Entschlossenheit, auch seinen Gegnern Gerechtigkeit widerfahren zu lassen, spricht nicht nur von Fairness, sondern von echter, aristokratischer Seelengröße. Sein schonungsloser Einsatz für den Frieden der Welt verbindet ihn mit den edelsten Vertretern des Christentums wie Augustinus oder Franz von Assisi.

Es ist dann nur verständlich, wenn er sich von dem Christentum seiner Zeit distanzierte. Über die Grenzen wissenschaftlicher Tätigkeit, philosophischer Wahrheitssuche und politischen Engagements hinweg entwickelte er sich in den letzten Jahrzehnten seines Lebens zu einem neuen Philosophentyp, der für das 20. Jahrhundert charakteristisch werden könnte, zu einem Philosophen, der leidenschaftlich um das Wohlergehen der Menschheit besorgt ist, zu einem Sprecher der Menschheit.

Bertrand Russell

Anmerkungen

1 Bertrand Russell, A(utobiographie) I, Frankfurt a. M. 1972 (st. 22), 7 f/ 2 A III, Frankfurt a. M. 1974 (st. 192), 87/ 3 A I, 9 f/ 4 A I, 12/ 5 A I, 15 f/ 6 A I, 19/7 A I, 20/ 8 A I, 34/ 9 A I, 37/ 10 A I, 38/ 11 A I, 41 f/ 12 A I, 45/ 13 A I, 52/14 A I, 56/ 15 A I, 57/ 16 A I, 59/ 17 A I, 62/ 18 A I, 66/ 19 A I, 68/ 20 A I, 69 f/21 A I, 71/ 22 A I, 70/ 23 A I, 73/ 24 A I, 40/ 25 A I, 90/ 26 A I, 88 f/ 27 A I, 101/ 28 A I, 103/ 29 A I, 104/ 30 A I, 295/ 31 A I, 297 f/ 32 A I, 243 ff/ 33 A I, 330 ff/ 34 Louis Couturat: «La Logique de Leibniz d'après des Documents inédits». Paris 1901/ 35 A I, 106/ 36 A I, 114/ 37 A I, 116/ 38 A I, 119 ff/ 39 A I, 230 f/ 40 A I, 233/ 41 A I, 235/ 42 A I, 324 f/ 43 A I, 327 f/ 44 A I, 254 f/ 45 A I, 290 f/ 46 A I, 190 f/ 47 *Wege zur Freiheit. Sozialismus, Anarchismus, Syndikalismus.* Frankfurt a. M. 1971, 128 (SV 447)/ 48 A I, 140 f/ 49 A I, 147 f/ 50 A I, 202 f/ 51 A I, 214 f/ 52 A I, 225 f/ 53 A I, 338. Heraklit (550–480 v. Chr.), der «Dunkle», war einer der ionischen Naturphilosophen. Mit dem spätmittelalterlichen Dichter Villon verbindet ihn seine ausdrucksstarke Sprache/ 54 *Philosophie. Die Entwicklung meines Denkens.* München 1973, 39 ff. (Sammlung dialog 101)/ 55 A I, 223/ 56 A III, 346/ 57 Ronald Jager: «The Development of Bertrand Russell's Philosophy». London 1972, 223/ 58 A II, 9/ 59 A II, 45 f/ 60 A II, 12/ 61 A II, 13/ 62 A II, 15/ 63 A II, 20 f/ 64 A II, 26 f/ 65 A II, 32 f/ 66 A II, 34 f/ 67 A II, 44 f/ 68 A II, 48/ 69 *Die Entwicklung meines Denkens*, 130/ 70 A II, 148 f/ 71 A II, 149 / 72 A II, 154 f/ 73 A II, 155/ 74 A II, 157/ 75 A II, 161 ff/ 76 A II, 183/ 77 A II, 194/ 78 A II, 197/ 79 *China und das Problem des Fernen Ostens.* München 1925, 8/ 80 Ebd., 147/ 81 «Bertrand Russell Speaks His Mind». Cleveland–New York 1960, 56/ 82 Op. cit., II, 145/ 83 Ebd., 227 f/84 Tait, op. cit., 131/ 85 Ebd., 101/ 86 A II, 238/ 87 A II, 242 f/ 88 A II, 251/ 89 Tait, op. cit., 108/ 90 Ebd., 124/ 91 Ebd., 126/ 92 Ebd., 128 ff/ 93 A II, 295/ 94 *Erziehung, vornehmlich in frühester Kindheit.* Düsseldorf–Frankfurt a. M. 1948, 197 ff/ 95 *Warum ich kein Christ bin*, Reinbek 1968 (rororo 6685), 31/ 96 Ebd., 32/ 97 Ebd., 45/ 98 Ebd., 56/ 99 *Skepsis*, Frankfurt a. M. 1964, 209 ff/ 100 A II, 236/ 101 Tait, op. cit., 103/ 102 Stuttgart–Wien 1953 (Sammlung Die Universität, Bd. 38)/ 103 A II, 309/ 104 *Philosophische und politische Aufsätze.* Stuttgart 1971, 181 f/ 105 A II, 294 f/ 106 *Macht. Eine sozialkritische Studie.* Zürich 1947/107 Op. cit., 215/ 108 A II, 347. Brief an die Frau von Charles Sanger/ 109 A II, 336/ 110 Tait, 134 ff/ 111 Ebd., 140/ 112 Zur Berufungsgeschichte vgl. den Bericht von Paul Edwards in: *Warum ich kein Christ bin*/ 113 Op. cit., 223 ff/ 114 Ebd., 229/ 115 Ebd., 232/ 116 Ebd., 259/ 117 A II, 339 f/ 118 Tait, 158/ 119 A III, 9/ 120 Tait, 172 f/ 121 A III, 56 ff/ 122 A III, 11/ 123 A III, 65/ 124 Brief an Gilbert Murray v. 3. 3. 1937. A II, 380 f/ 125 Brief an Gilbert Murray v. 21. 4. 1940. A II, 382 f/ 126 Brief an Gilbert Murray v. 18. 1. 1941. A II, 386/ 127 Brief an Gilbert Murray v. 18. 6. 1941. A II,

388/ 128 A III, 13/ 129 *Unpopuläre Betrachtungen*. London ²1951, 223/ 130 A III, 19ff/ 131 A III, 26ff/ 132 A III, 31/133 A III, 34f/ 134 A III, 43/ 135 A III, 36ff/ 136 Barry Feinberg: «The Collected Stories of Bertrand Russell». London 1972/ 137 A III, 80/ 138 A II, 345/139 *Philosophie des Abendlandes*. Wien ²1975, 844f/ 140 Ebd., 734/ 141 Ebd., 738f/ 142 Ebd., 751/ 143 Ebd., 781, 144 *Die Entwicklung meines Denkens*, 194f/145 Tait, 178/ 146 A III, 86/ 147 A III, 89/ 148 A III, 92/ 149 A III, 103/ 150 A I, 355/ 151 A II, 135f/ 152 A III, 98/ 153 A III, 107/ 154 A III, 180/ 155 A III, 196f

Zeittafel

1872	Geboren am 18. Mai in Chepstow / Monmouthshire
1890–1894	Studium in Cambridge
1894	Attaché der Britischen Botschaft in Paris
1894–1921	Erste Ehe mit Alys Pearsall Smith
1895–1901	Fellowship am Trinity College
1895	Reisen nach Berlin
1895 u. ff.	Reisen nach Italien
1896	Reise in die USA
1898	Abwendung von Kant und Hegel
1900	Internationaler Philosophenkongreß in Paris
1907	Kandidatur bei einer Nachwahl zum Unterhaus
1910–1916	Dozent am Trinity College
1910	Übersiedlung nach Cambridge; Parlamentswahlen, auf liberaler Seite
1911	Reise nach Paris
1914	Vorlesungsreise in die USA
1920–1921	Gastdozent in China
1921–1936	Zweite Ehe mit Dora Black
1922	Im November Labour-Kandidatur
1924, 1927, 1929, 1931	Vortragsreisen nach Amerika
1927	Gründung einer Privatschule
1936–1949	Dritte Ehe mit Helen Patricia Spence
1939–1944	Aufenthalt in den USA
1941 / 1942	Vorlesungen an der Barnes Foundation
1944	Fellowship am Trinity College
1948	Flugzeugunfall vor der Küste Norwegens
1949	Reise nach Italien
1950	Order of Merit; Vortrag an der Sorbonne; Reise nach Australien; Reise in die USA; Verleihung des Nobelpreises für Literatur
1952–1970	Vierte Ehe mit Edith Finch
1955	Preis der Pears Cyclopaedia
1957	Erste Pugwash-Konferenz
1958	Verleihung des Kalinga-Preises bei der UNESCO in Paris
1960	Verleihung des Sonning-Preises in Kopenhagen
1970	Gestorben am 2. Februar in Penrhyndendraeth / Wales

Zeugnisse

J. B. Priestley

Was die Tradition betrifft, so steht ein Philosoph wie Russell, der gerne allen, die da lesen und zuhören wollen, das von ihm erworbene Wissen vermitteln möchte, der großen alten philosophischen Tradition näher als die geheimnistuerischen Fachleute, die nur mit anderen geheimnistuerischen Fachleuten verkehren und Probleme lösen, die außer ihnen kein Mensch versteht. Das ist im großen und ganzen der neue philosophische Stil.

«Der Europäer und seine Literatur». München 1961

A. J. Ayer

Unter den Philosophen dieses Jahrhunderts zeichnete sich Bertrand Russell dadurch aus, daß er sich neben der Beschäftigung mit speziellen philosophischen Problemen nicht nur für Natur- und Sozialwissenschaften interessierte, sondern auch Zeit fand, sich für das Erziehungswesen zu engagieren und aktiv in der Politik zu arbeiten.

«Bertrand Russell». München 1973

Ludwig Marcuse

Vor allem aber war er [Platon] der kühnste Verkünder einer Macht, die nicht ausbeutet. Unverständlich ist, daß ein Denker wie Bertrand Russell und Kleinere nach ihm Platon als Faschisten denunzierten. Die Verwechslung von Herrschaft der Elite und Herrschaft einer Oligarchie ist unausrottbar.

«Aus den Papieren eines bejahrten Philosophiestudenten».
München 1964

Hans Lenk

Eine Antinomie liegt dann vor, wenn ein Satz und seine Negation zugleich beweisbar sind. Die Antinomie der größten Ordnungszahl und die berühmte Russellsche Antinomie im Begriff der Menge aller Mengen, die sich selber nicht als Element enthalten, erschütterten das mühsam aufgebaute, so sicher geglaubte Fundament der Logik und Mathematik – gerade zu dem Zeitpunkt, als Frege eine erste umfassende Grundlage für die Logik und die Arithmetik in Gestalt eines präzisen Axiomensystems gegeben hatte.

«Philosophie im technologischen Zeitalter». Stuttgart 1971

Albert Einstein
Bei aller Bewunderung für die scharfsinnige Analyse, die uns Russell in seinem Buch «Meaning and Truth» geschenkt hat, scheint es mir doch, daß auch dort das Gespenst der metaphysischen Angst einigen Schaden angerichtet hat. Diese Angst scheint mir z. B. der Anlaß dafür zu sein, das «Ding» als «Bündel von Qualitäten» aufzufassen, wobei nämlich die «Qualitäten» dem sinnlichen Rohmaterial zu entnehmen gesucht werden . . . Im Hinblick auf solche Bemühungen hat es mich befriedigt, daß im letzten Kapitel doch herauskommt, daß man ohne «Metaphysik» nicht auskommen könne. Das einzige, was ich daran zu beanstanden habe, ist das schlechte intellektuelle Gewissen, das zwischen den Zeilen hindurchschimmert   *«Mein Weltbild». Frankfurt a. M.–Berlin 1965*

Arnold Toynbee und John Cogley
Religiöse Menschen würden Lord Russell darin nicht zustimmen, daß Furcht der Kern ihres Glaubens sei. Sie würden vielmehr sagen, es sei die Suche nach einem letzten Sinn, die sie bewege, und sie würden wie Kierkegaard betonen, daß der «Sprung in den Glauben» ein Höchstmaß an Mut und Kühnheit erfordere.
«Religion ohne Zukunft?». Gütersloh 1968

Golo Mann
Wer den Politikern nicht traut, traut konsequenterweise auch dem «Volk» nicht, weil ja das Volk, jedenfalls in der Demokratie, keine anderen Politiker haben kann, als zu ihm passen. In der Jugend hatte Russell einmal gescherzt, der Vorzug der demokratischen Regierungsform sei die gesicherte Entsprechung zwischen Wählern und Gewählten: je dümmer der Abgeordnete, desto dümmer seine Wähler. Im Grunde blieb er bei diesem Lehrsatz.
«Versuch über Bertrand Russell». Bertrand Russell:
«Autobiographie I». Frankfurt a. M. 1972

U Thant
Lord Russell war einer der ersten, die erkannt haben, wie wahnsinnig und gefährlich die unbegrenzte Anhäufung nuklearen Kriegsmaterials ist. In den ersten Jahren zog er gegen diese Tendenz so gut wie allein zu Felde, heute ist seine Gefolgschaft um vieles größer. Während die Ansichten über einseitige Abrüstung und über andere ähnliche Gedanken auseinandergehen mögen, teile ich Lord Russells Meinung, daß uneingeschränkte Herstellung, Erprobung, Perfektionierung und Anhäufung nuklearer Waffen eine der größten Gefahren der Menschheit und eine der größten Bedrohungen des Überlebens des Menschengeschlechts bedeuten.
«Zur Gründung der Bertrand Russell Peace Foundation».
In: «Autobiographie III». Frankfurt a. M. 1974

Bibliographie

1. Werke von Bertrand Russell

German Social Democracy. London 1896. Repr. 1965

An Essay of the Foundations of Geometry. Cambridge 1897. Repr. 1956

A Critical Exposition of the Philosophy of Leibniz. London 1900 (^{2}1967). Repr. 1971

The Principles of Mathematics. Cambridge 1903 (^{2}1937). Repr. 1972

Philosophical Essays. London 1910. Repr. 1984

Problems of Philosophy. London 1912 (^{2}1966). Repr. 1980

Principia Mathematica (with A. N. WHITEHEAD) Vol. I Cambridge 1910. Vol. II 1911. Vol. III 1913 (with an introduction ^{2}1925–27). Repr. 1963

Our Knowledge of the External World. Chicago–London 1914. Repr. 1969

Justice in Wartime. Chicago–London 1916

Principles of Social Reconstruction. London 1916. Repr. 1971

Political Ideals. London 1917 (^{3}1963)

Roads to Freedom. London 1918. Repr. 1977

Mysticism and Logic. London 1918. Repr. 1981

Introduction to Mathematical Philosophy. London 1919

The Practice and Theory of Bolshevism. London 1920 (with a new preface ^{2}1949)

The Analysis of Mind. London 1921. Repr. 1968

The Problem of China. London 1922

Prospects of Industrial Civilization (with DORA RUSSELL). London 1923. ^{2}1959

The ABC of Atoms. London 1925

Icarus or the Future of Science. London 1924. Repr. 1973

The ABC of Relativity. London 1925. ^{3}1977

What I believe. New York 1925

On Education. London 1926. Repr. 1976

Selected Papers of Bertrand Russell. New York 1927. Repr. 1955

An Outline of Philosophy. London 1927

The Analysis of Matter. London 1927. Repr. 1959

Sceptical Essays. London 1928. Repr. 1977

Marriage and Morals. London 1929. Repr. 1972

The Conquest of Happiness. London 1930. Repr. 1971

Has Religion Made Useful Contributions to Civilization. An Examination and a Criticism. London 1930

The Scientific Outlook. New York 1931. Repr. 1962

Education and the Social Order. London 1932. Repr. 1977

Education and the Modern World. New York 1932
Freedom and Organization 1814–1914. London 1934. Repr. 1964
In Praise of Idleness. London 1935. Repr. 1976
Religion and Science. London 1935. Repr. 1970
Which Way to Peace? London 1936
The Amberley Papers (with PATRICIA RUSSELL). London 1937
Power. London 1938. Repr. 1969
An Inquiry into Meaning and Truth. London 1940. Repr. 1980
History of Western Philosophy. London 1945. Repr. 1976
Human Knowledge: Its Scope and Limits. London 1948. Repr. 1967
Authority and the Individual. London 1949. Repr. 1977
Unpopular Essays. London 1950. Repr. 1976
New Hopes for a Changing World. New York 1951. Repr. 1968
The Wit and Wisdom of Bertrand Russell (ed. L. DENONN). 1952
The Impact of Science on Society. London 1952. Repr. 1976
The Good Citizen's Alphabet. London 1953
Satan in the Suburbs. New York 1953
Nightmares of Eminent Persons. London 1954
Human Society in Ethics and Politics. London 1954. Repr. 1962
Logic and Knowledge (ed. R. C. MARSH). London 1956. Repr. 1971
Portraits from Memory. London 1956
Understanding History. 1957
Why I Am Not a Christian (ed. P. EDWARDS). London 1957. Repr. 1975
Vital Letters of Russell, Krushchev, Dulles. 1958
Bertrand Russell's Best (ed. R. WEGNER). 1958
Common Sense and Nuclear Warfare. London 1959. Repr. 1968
My Philosophical Development. London 1959. Repr. 1975
Wisdom of the West (ed. P. FOULKES). 1959. Repr. Greenwich (Conn.) 1966
Bertrand Russell Speaks His Mind. Cleveland–New York 1960. Repr. 1974
Fact and Fiction. London 1961
Has Man a Future? London 1961
The Basic Writings of Bertrand Russell (ed. R. EGNER and L. DENONN). New York 1961
Unarmed Victory. London 1963
On the Philsophy of Science (ed. C. FRITZ). Indianapolis 1965
War Crimes in Vietnam. London ³1967
The Art of Philosophizing. New York 1968. Repr. 1974
Autobiography. Vol. I London 1967. Vol. II 1968. Vol. III 1969
Dear Bertrand Russell (ed. B. FEINBERG and R. KASRILS). London 1969
Education and the Good Life. Repr. New York 1970
The Collected Stories of Bertrand Russell (ed. B. FEINBERG). London 1972
Why Men Fight. Repr. New York 1972
Essays in Analysis (ed. D. LACKEY). London–New York 1973
The Collected Papers of Bertrand Russell Vol. I: Cambridge Essays 1888–1899 (ed. K. BLACKWELL). London 1983

2. Deutschsprachige Übersetzungen

Der Krieg ein Kind der Furcht. Zürich 1915

Grundlagen für eine soziale Umgestaltung. München 1921

Kunst, Wissenschaft und der Sozialismus. Ein Wort an die Intellektuellen. Berlin 1921

Politische Ideale. Berlin 1922

Einführung in die mathematische Philosophie. München 1923

Das ABC der Atome. Stuttgart 1925

China und das Problem des Fernen Ostens. München 1925

Ikarus oder Die Zukunft der Wissenschaft. München 1926

Unser Wissen von der Außenwelt. Leipzig 1926

Die Analyse des Geistes. Leipzig 1927

Die Kultur des Industrialismus und ihre Zukunft. München 1928

Philosophie der Materie. Leipzig–Berlin 1929

Wissen und Wahn. Skeptische Essays. München 1930

Macht. Eine sozialkritische Studie. Zürich 1947. Repr. Wien 1973

Erziehung vornehmlich in frühester Kindheit. Düsseldorf–Frankfurt a. M. 1948

Freiheit und Organisation 1814–1914. Berlin 1948

Ehe und Moral. Stuttgart 1951

Eroberung des Glücks. Neue Wege zu einer besseren Lebensgestaltung. Darmstadt 1951

Mystik und Logik. Philosophische Essays. Wien–Stuttgart 1952

Das menschliche Wissen. Darmstadt 1952

Neue Hoffnung für unsere Welt. Wege in eine bessere Zukunft. Darmstadt–Genf 1952

Satan in den Vorstädten. Darmstadt 1953

Wissenschaft wandelt das Leben. München 1953

Das naturwissenschaftliche Zeitalter. Stuttgart–Wien 1953

Dennoch siegt die Vernunft. Der Mensch im Kampf um sein Glück. Bonn 1956

Vernunft und Atomkrieg. München–Wien–Basel 1959

Die wissenschaftliche Gesellschaft. Essen–Bredeney 1962

Hat der Mensch noch eine Zukunft? Bestandsaufnahme und Mahnung. München 1963

Skepsis. Frankfurt a. M.–Bonn [7]1964

Macht und Persönlichkeit. Stuttgart [2]1967

Das ABC der Relativitätstheorie. München [2]1970

Denker des Abendlandes. Eine allgemein verständliche Philosophie in Wort und Bild von B. Russell. Bern–München–Wien [2]1975

Briefe aus den Jahren 1950–1968. Frankfurt a. M. 1970

B. Russell. Mein Leben Bd. 1 1872–1914. Zürich 1967

Autobiographie. Bd. 2 1914–44. Frankfurt a. M. 1970

Autobiographie. Bd. 3 1944–67. Frankfurt a. M. 1972

Was wir tun können. München 1972

Moral und Politik. München [3]1972

Wege zur Freiheit. Sozialismus, Anarchismus, Syndikalismus. Frankfurt a. M. [2]1973

Unpopuläre Betrachtungen. Zürich [3]1973

Philosophie. Die Entwicklung meines Denkens. München 1973

Erziehung ohne Dogma. Pädagogische Schriften. München 1974
Philosophie des Abendlandes. Ihr Zusammenhang mit der politischen und sozialen Entwicklung. Wien ^{2}1975
B. Russell sagt seine Meinung. Eine Stimme moderner Aufklärung. Darmstadt 1976
Die Philosophie des Logischen Atomismus. Aufsätze zur Logik und Erkenntnistheorie 1908–1918. München 1976
Philosophische und politische Aufsätze. Repr. Stuttgart 1977
Lob des Müßiggangs. Repr. Hamburg–Wien 1977
Freiheit ohne Furcht. Erziehung für eine neue Gesellschaft (ed. A. v. BORRIES). Repr. Reinbek 1979
Probleme der Philosophie. Frankfurt a. M. ^{11}1984
Principia Mathematica (Zusammen mit A. N. WHITEHEAD). Berlin 1984
Warum ich kein Christ bin. Hamburg 1985

3. Sekundärliteratur

AIKEN, L. W.: Bertrand Russell's Philosophy of Morals. New York 1963
AYER, A. J.: Russell. London 1974
–: Russell and Moore. The Analytical Heritage. Cambridge/Mass. 1971
BEHRENS, G.: Die Prinzipien der mathematischen Logik bei Schröder, Russell und König. Hamburg 1918
BENJAMIN, A. C.: The Logical Atomism of Bertrand Russell. Michigan 1924
BLACKWELL, K.: The Spinozistic Ethics of Bertrand Russell. London 1985
BRADLEY, F. H.: Appearance and Reality: A Metaphysical Essay. London 1883
CHRISHOLM, J.: The Theory of Knowledge of B. Russell. An Exposition and Realist Assessment (Teildruck). Rom 1967
CLACK, R. J.: Bertrand Russell's Philosophy of Language. Den Haag 1969
CLARK, R. W.: The Life of Bertrand Russell. Christianity and B. Russell. London 1958. Repr. 1976
–: Bertrand Russell and His World. London 1981
–: Bertrand Russell: Philosoph – Pazifist – Politiker. München 1984
DARBON, A.: La philosophie des mathématiques. Étude sur la logistique de Russell. 1. publ. par M. Lagarce-Darbon avec la collab. de F. Chatelet. Pref. de R. Poirier. P.U.F. 1949
DORWARD, A.: B. Russell. A Short Guide to Philosophy. The British Council and the National Bookleague. Green 1951
EAMES, E. R.: Bertrand Russell's Theory of Knowledge. London 1969
EISLER, L.: Morals without Mystery. A Liberating Alternative to Established Morality Based on B. Russell's Views Applied to Current Problems. New York 1971
FEIBLEMAN, J. KERN: Inside the Great Mirror. A Critical Examination of the Philosophy of Bertrand Russell, Wittgenstein and Their Followers. The Hague 1958
FEINBERG, B., u. a. (Hg.): A Detailed Catalogue of the Archives of Bertrand Russell. London 1967
FREGE, G.: Begriffsschrift. Halle 1879
–: Grundgesetze der Arithmetik. Vol. 1. Jena 1893
–: Die Grundlagen der Arithmetik. Breslau 1884

Fritz, Charles A.: Bertrand Russell's Construction of the External World. Westport 1974 (Nachdruck der Ausg. London 1952)

Gottschalk, H.: Bertrand Russell. Berlin 1962

Guthrie, E. R.: The Paradoxes of Mr. Russell. With a Brief Account of Their History. Lancaster 1915

Hardy, G. H.: Bertrand Russell and Trinity. A facs. reprod. with a forew. London 1970

Hochberg, H. I.: Thought, Fact and Reference. The Origins and Ontology of Logical Atomism. Minneapolis/Minn. 1978

Jager, R.: The Development of B. Russell's Philosophy. London 1972

James, W.: Pragmatism and Other Essays. New York–Washington 1963

Joachim, H. H.: The Nature of Truth. Oxford 1906

Klemke, E. D. (Hg.): Essays on Bertrand Russell. Urbana 1970–71

Lawrence, D. H.: Letters to B. Russell. London 1948

Lewis, H. D.: The Elusive Mind. London 1969

Lewis, J.: B. Russell, Philosopher and Humanist. New York 1968

Martini, W.: Bertrand Russell. A Bibliography of His Writings 1895–1976. New York 1981; dt. München 1981

Masaryk, T.: A Philosophy of Pacifism. In: The New Europe XVI. 1917. pp. 342–50

Mill, J. S. A.: A System of Logic. London 1843

Moore, G. E.: The Nature and Reality of Objects of Perception. Proc. Aristotelian Society. 1905. Reprinted in: Philosophical Studies. London 1922

–: Necessity. Mind 1900

–: Principia Ethica. Cambridge 1903

–: Some Main Problems of Philosophy. London 1953

Nakhnikian, G. (Hg.): Bertrand Russell's Philosophy. London–New York 1974

Park, J.: Bertrand Russell on Education. London 1964

Pears, D. F.: Bertrand Russell and the British Tradition in Philosophy. London 1967

Proceedings Conference Russell. The Proceedings of the B. Russell Memorial Logic Conference. Uldum 1971 – Leeds 1973

Roberts, G. W. (Hg.): Bertrand Russell Memorial Volume. London–New York 1979

Russell. The Journal of the Bertrand Russell Archives 1 (1971) ff.

Ryle, G.: The Concept of Mind. London 1949

–: B. Russell 1872–1970. In: Revue internationale de philosophie. Année 26 (1972)

Santayana, G.: Winds of Doctrins. London 1912

–: The Philosophy of G. E. Moore. Evanston–Chicago 1942

Schilpp, P. A. (Hg.): The Philosophy of Bertrand Russell. New York ³1951. Repr. 1963

–: The Philosophy of A. N. Whitehead. New York ²1970

Schoenman, R. (Hg.): Bertrand Russell. Philosopher of the Century. Essays in His Honour. Boston–London 1967

Strawson, D. F.: On Referring. Mind 1950

Tait, K.: My Father Bertrand Russell. New York–London 1975

Uto, S.: Die Theorie des neutralen Monismus in der Philosophie von Bertrand Russell. Göttingen 1969

VUILLEMIN, J.: Leçons sur la première philosophie de Russell. Paris 1968
WITTGENSTEIN, L.: Philosophical Investigations. Oxford 1953
–: Tractatus logico-philosophicus. London 1961
WOOD, A.: B. Russell, the Passionate Sceptic. London 1957
–: B. Russell. London 1957; dt. München 1959

Namenregister

Über den Autor

Ernst R. Sandvoss, am 18. August 1929 in Braunschweig geboren, studierte von 1948 bis 1955 Philosophie, Griechisch, Latein, Geschichte und Sanskrit an den Universitäten Freiburg i. B., Göttingen und Tübingen, wo er 1954 mit einer Arbeit über die Psychologie des Aristoteles promovierte. 1965/66 erhielt er ein Forschungsstipendium der Harvard University und arbeitete am Center for Hellenic Studies in Washington D. C. an einer umfassenden Studie über Platons politische Philosophie. Sandvoss habilitierte sich 1969 in Saarbrücken, wo er seit 1971 als Professor Philosophie lehrt.

Er schrieb bisher: «Sokrates und Nietzsche», Leiden 1966; «Hitler und Nietzsche», Göttingen 1969; «Soteria. Philosophische Grundlagen der platonischen Gesetzgebung», Göttingen 1972; «Die korrupte Gesellschaft», Göttingen 1975; «G. W. Leibniz», Göttingen 1976; «Aurelius Augustinus», Freiburg i. B. 1978; «Ethik. Arbeitstexte für den Unterricht», Stuttgart 1981; «Aristoteles», Stuttgart 1981; «Immanuel Kant», Stuttgart 1983; «Geschichte der Philosophie», 2 Bde., München 1989; «Philosophie. Selbstverständnis, Selbsterkenntnis, Selbstkritik», Darmstadt 1991.

Quellennachweis der Abbildungen

rowohlts bildmonographien

**Thema
Philosophie**

C 2054/7 a